实施国家
文化数字化战略
操作指南

高书生 编著

国家图书馆出版社

图书在版编目（CIP）数据

实施国家文化数字化战略操作指南 / 高书生编著. —
北京 : 国家图书馆出版社，2024.4
　　ISBN 978-7-5013-7644-5

Ⅰ.①实…　Ⅱ.①高…　Ⅲ.①中华文化—数字化—指
南　Ⅳ.①K203-39

中国国家版本馆CIP数据核字（2024）第079239号

书　　名	实施国家文化数字化战略操作指南	
作　　者	高书生　编著	
责任编辑	于春媚	
封面设计	常雪影	

出版发行　国家图书馆出版社（北京市西城区文津街7号　100034）
　　　　　（原书目文献出版社　北京图书馆出版社）
　　　　　010-66114536　63802249　nlcpress@nlc.cn（邮购）
网　　址　http://www.nlcpress.com
排　　版　九章文化
印　　装　北京科信印刷有限公司
版次印次　2024年4月第1版　2024年4月第1次印刷

开　　本　880×1230　1/32
印　　张　6.625
字　　数　107千字
书　　号　ISBN 978-7-5013-7644-5
定　　价　68.00元

前　言

　　实施国家文化数字化战略是党中央、国务院的决策部署，已写入党的二十大报告和中共中央、国务院印发的《数字中国建设整体布局规划》。2022年3月，中共中央办公厅、国务院办公厅印发《关于推进实施国家文化数字化战略的意见》（以下简称《意见》），从指导思想、工作原则、主要目标、重点任务、保障措施、组织实施等各个方面作出全面部署。

　　目前，全国约有25个省（区、市）印发落实《意见》的实施方案或行动计划，国家发改委、财政部、科技部、商务部、国家数据局以及宣传思想文化部门等出台了鼓励政策。推进实施国家文化数字化战略，已经成为宣传思想文化全战线的共识，正在由点到面推进。

　　一年多来，中国公共关系协会文化大数据产业委员会（以下简称专委会）按照全国性社会组织的职责定位，积极组织成员单位以《意见》的总体要求为遵循、以落实《意见》重点任务为己任，攻坚克难，建构起推进实施国家文化数字化战略的"四梁八柱"，为全国范围内大规模推广打牢了基础。

　　专委会在服务于地方党委和政府部门以及成员单位的过程中，时常会听到反映：认为文化数字化的技术性和专业性都很强，对《意见》的理解和把握有难度、有困惑，影响工作的力度和进度，企盼能有本类似于操作指南的

小册子，做到"一册在手、工作不愁"。

我们本着急服务对象之所急、为服务对象排忧解难之目的，在全面准确把握《意见》精神实质的基础上，结合已掌握的进展情况、重点难点和示范案例，坚持问题导向，突出针对性，依照各类文化机构在实施国家文化数字化战略中所承担的任务，将各项重点任务对象化，制成这本小册子，以便于文化机构"对号入座"，找准定位，快速驶入文化繁荣发展的新赛道，促进文化数字化生产力快速发展，推动中华文化全景呈现、中华文化数字化成果全民共享，为建设中华民族现代文明贡献力量。

目　录

文化机构"各就各位" ……………………………………………… 1

云端部署"车同轨" ………………………………………………… 7

装上"ETC"换赛道 ………………………………………………… 13

数据交易"一码通" ………………………………………………… 21

数据资源表外入表内 ……………………………………………… 26

转型升级新路径 …………………………………………………… 32

超大规模加工数据 ………………………………………………… 44

文化数字化成果全民共享 ………………………………………… 51

附录1　关于国家文化数字化战略实施情况的报告 …………… 67

附录2　文化数字化相关文件辑 ………………………………… 81

　　中共中央　国务院印发《数字中国建设整体布局规划》……… 82

　　中共中央办公厅　国务院办公厅印发《关于推进实施国家文化数字
　　化战略的意见》……………………………………………… 87

中共中央办公厅　国务院办公厅印发《"十四五"文化发展规划》 …89

中共中央办公厅　国务院办公厅印发《关于推进新时代古籍工作的意见》 …………………………………………………………98

中华人民共和国国家发展和改革委员会令第7号（《产业结构调整指导目录（2024年本）》） ……………………… 105

关于印发《中央支持地方公共文化服务体系建设补助资金管理办法》的通知（财教〔2022〕270号） ……………… 110

国务院关于财政文化资金分配和使用情况的报告…………… 119

中央宣传部　国家发展改革委　教育部　科技部　民政部　财政部人力资源社会保障部　文化和旅游部　国家文物局关于推进博物馆改革发展的指导意见 …………………………… 131

国家电影局等印发《关于促进影视基地规范健康发展的意见》的通知 ……………………………………………………… 139

商务部等27部门关于推进对外文化贸易高质量发展的意见 … 144

国家数据局等部门关于印发《"数据要素×"三年行动计划（2024—2026年）》的通知 ………………………………… 155

财政部关于印发《企业数据资源相关会计处理暂行规定》的通知 … 168

关于印发《关于加强数据资产管理的指导意见》的通知………… 175

关于加强行政事业单位数据资产管理的通知……………… 184

中评协关于印发《数据资产评估指导意见》的通知…………… 188

文化机构"各就各位"

到 2035 年，建成物理分布、逻辑关联、快速链接、高效搜索、全面共享、重点集成的国家文化大数据体系，这是《关于推进实施国家文化数字化战略的意见》（以下简称《意见》）提出的主要目标之一。

国家文化大数据体系与国家文化数字化战略是什么关系？

简单说，文化数字化是过程、是战略，文化大数据是结果、是目标，二者是"一体两面"、相辅相成。搞清楚二者的关系，应当从文化大数据的体系框架入手，体现目标导向。

同数字化一样，大数据也不能被神化。为便于理解，

我们把文化大数据的体系框架概括为"两侧四端",两侧分别是供给侧、需求侧,四端分别是资源端、生产端、消费端和云端。从这个体系框架中,每个文化机构都能够找到自己的"位子":

——博物馆、图书馆、美术馆、文化馆、纪念馆、非遗馆、档案馆、资料馆等文化机构,负责文化资源的收藏或保管,所处的位置是名副其实的资源端。

——相对于资源端,生产端寓于一长串行业或领域之中:从行业看,包括文化艺术、文物、新闻出版、电影、广播电视、网络文化文艺等;从领域看,范围更加广泛,包括文学、美术创造和表演艺术(如戏曲、歌舞、话剧、音乐、杂技、马戏、木偶等),史料、史志编辑,工艺美术品、艺术陶瓷生产;新闻采编,党报、综合新闻类报纸和其他报纸出版,图书、期刊、音像、电子出版物出版;广播、电视、电影、音乐等节目制作;广告和设计(建筑设计、工业设计和时装、包装装潢、多媒体、动漫及衍生产品、饰物装饰、美术图案、展台、模型在内的专业设计等)。

同上述领域相对应的文化机构,包括文艺表演团体、地方志编辑部、工艺美术厂,通讯社、报社、期刊社、出版社、音像和电子社,广播电台、电视台、电影制片厂、电视剧制作公司、音乐作品制作公司，广告公司、设计公司等。

提起生产端，不能遗漏"新生代"，即同文化新业态相伴而生的新兴文化组织，包括从事新媒体、数字出版、动漫、游戏、网络音乐、网络视频、网络文学等新业务的文化机构。

——消费端指的是文化消费场所，包括线上和线下两大块。线上分为大屏和小屏，大屏通常是指电视机和户外大屏，小屏指的是智能手机等移动终端。《意见》提出推动"大屏""小屏"跨屏互动，融合发展。线下包括文化教育设施和公共场所两个部分，即新时代文明实践中心、学校、公共图书馆、文化馆、博物馆、美术馆、影剧院、新华书店、农家书屋等文化教育设施，旅游服务场所、社区、购物中心、城市广场、商业街区、机场车站等公共场所。

——云端包括两部分，即文化数据服务中心和文化数据服务平台。其中，文化数据服务中心是由广电网络机构承建的，在级次上分为省域中心、区域中心和全国中心；文化数据服务平台依托文化产权交易所而组建，其主要功能是支持法人机构和公民个人开设"数据超市"，依法合规开展数据交易。

实施国家文化数字化战略、建设国家文化大数据体系，是宣传思想文化全战线的"总动员""大会战"，从上述四端列举的文化机构名单中得到了充分验证。无论国家文化数字化战略，还是国家文化大数据体系，所指的文化是"大文化"或跨部门范畴，涵盖了宣传思想文化全战线。从部门讲包括宣传、网信、文旅、新闻出版、电影、广播电视、网络文化文艺，从领域上讲包括思想理论、文化旅游、文物、新闻出版、电影、广播电视和网络文化文艺。

"大会战"离不开指挥中心，《意见》在组织实施部分特别强调了统一领导、统一指挥，即成立由中央宣传部牵头，中央网信办、国家发展改革委、教育部、科技部、财政部、人力资源社会保障部、文化和旅游部、中国人民银行、广电总局、国家文物局等部门参加的推进实施国家文化数字化战略工作领导小组，具体工作由中央宣传部承担。中央网信办、文化和旅游部、广电总局、国家文物局等部门和各省、自治区、直辖市以及各文化机构建立健全相应的领导体制和工作机制。

"大会战"的任务必须分解，每个文化机构不仅要清楚所处的位置，更需要明白所承担的任务。《意见》所明确的重点任务，用一张"两侧四端"图就能够呈现出

供给侧			国家文化专网				需求侧
资源端	云端	生产端	云端	生产端	云端	消费端	
	文化数据服务中心 / 文化数据服务平台		文化数据服务平台		文化数据服务平台 / 文化数据服务中心		数字文化消费新场景

中华文化数据库：
- 文物、古籍、美术、地方戏曲剧种、民族民间文艺、农耕文明遗址等数据资源
- 红色基因库数据
- 思想理论、文化旅游、新闻、文物、电影、出版、广播电视、网络文化文艺等不同领域的数据专题数据库

云端·文化数据服务中心：按照"物理分布、逻辑关联"原则，贯通数据和数据

云端·文化数据服务平台：法人机构和公民个人依法开设"数据超市"，依法合规开展数据交易

生产端：解构关联形成文化资源数据

数据超市交易

生产端：重构形成文化数字内容

数据超市交易

多网多终端分发

消费端：
- 线上：大屏（电视机）、小屏（手机）
- 文化教育设施：新时代文明实践中心、学校、公共图书馆、文化馆、博物馆、美术馆、影剧院、新华书店、农家书屋、旅游服务场所
- 线下：社区
- 公共场所：购物中心、城市广场、商业街区、机场车站

网关

高书生制图

图 1.1 《意见》任务分解图

来（详见图 1.1）。供给侧的任务是关联形成中华文化数据库，需求侧的任务是打造数字化文化消费新场景，两大任务的完成，则需要所处四端的各级各类文化机构协同作战。需要说明的是，许多文化机构在文化大数据体现框架中的角色是双重甚至多重的，既是资源端又是生产端，比如博物馆等公共文化机构以及广播电台、电视台、报刊社、出版社、文艺院团等，还有可能是"三端合一"，既是资源端、生产端，同时又是消费端，比如纪念馆、美术馆、文化馆等。

党的二十大报告强调：健全现代公共文化服务体系，健全现代文化产业体系和市场体系。数字化时代怎样去健全？大数据、云计算、物联网、区块链、人工智能等数字新技术，并不是漂亮的口号，它们从根本上改变了文化事业和文化产业繁荣发展的技术基础，过去的技术路线、建设路径已经不再适应，无论公共文化服务体系，还是文化产业体系和市场体系，都面临重构、再造的艰巨任务，否则就失去了现代性，不能称其为现代化。

国家文化大数据体系建设，旨在构建一套从文化资源到文化生产再到文化传播、文化消费的全新体系，从抽象化的"两侧四端"，扩展开来就可以形成现代公共文化服务体系、现代文化产业体系和市场体系。

云端部署"车同轨"

无论资源端，还是生产端，抑或消费端，绝大多数都是文化机构的"传统领地"，文化人都很熟悉。但云端则不然，其功能是链通资源端、生产端和消费端，服务于文化资源数据的存储、传输、交易和文化数字内容分发，无论文化数据服务中心，还是文化数据服务平台，都是新生事物，也是文化机构及文化人不擅长的。好在云端的建设和运营主体，是广电网络公司和文化产权交易所，其他文化机构只是使用者。

云端部署在国家文化专网，这是理解国家文化数字化战略技术路线的核心点。《意见》明确，依托现有有线电视网络设施、广电5G网络和互联互通平台，部署提供

云端

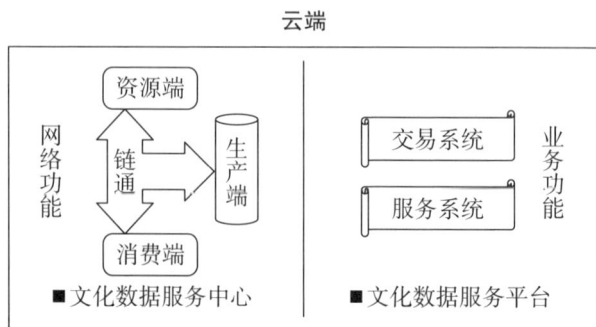

图2.1 云端结构示意图

标识编码注册登记和解析服务的技术系统，完善结算支付功能，形成国家文化专网以及国家文化大数据体系的省域中心和区域中心，服务文化资源数据的存储、传输、交易和文化数字内容分发。

2022年4月，专委会发布的《国家文化专网组网技术要求》团体标准（T/CPRA 4200—2022），该标准起草单位的主体是广电系统，包括广电总局广播电视科学研究院、中国广电网络股份有限公司、中国广电辽宁网络股份有限公司、中国广电宁夏网络有限公司、广西广电大数据科技有限公司、中国广电云南网络有限公司、中国广电新疆网络股份有限公司、北京歌华有线数字媒体有限公司、中国广电安徽网络股份有限公司、江苏有线数据网络有限责任公司、中国广电四川网络股份有限公司、湖北省广播电视信息网络股份有限公司、陕西广电网络传媒（集团）股份有限公司、福建广电网络集团股份有限公司等。

《国家文化专网组网技术要求》提出，国家文化专网服务模型包括承载网络、算力网络和业务系统3个层次（详见图2.2）：承载网络层充分利用现有有线电视网络的有线和无线通信资源，为算力网络层或业务系统层提供通信通道服务；算力网络层为业务系统层提供云网融合的算力服务，算力网络主要由各类文化数据服务中心的算力资源，以及承载网络所提供的传输通道连接而成，广电移动通信网络可以边缘计算等形式为业务系统提供算力服务；业务系统层包括底层关联集成系统、文化数据库、文化生产线、文化数据服务平台、文化体验网关，以及相关支撑系统等各类业务系统，基于算力网络层的算力资源和承载网络层的通信通道资源，实现"物理分布、逻辑关联、快速链接、高效搜索、全面共享"等重点集成能力。

全是专业词汇、技术术语，文化人都能看得懂，技术服务商估计就下岗了。实施国家文化数字化战略的"技术底座"，习惯上又称作"文化新基建"，是由广电网络公司负责搭建或建设的，文化机构及文化人大可不必为此而多虑。实施国家文化数字化战略，说到底是为

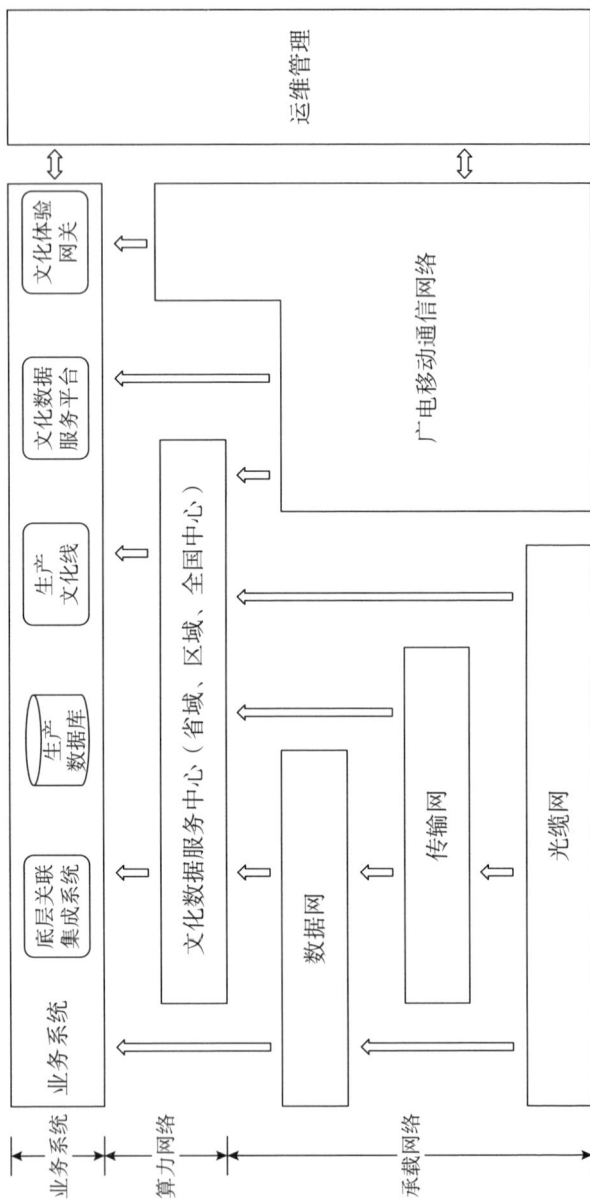

图 2.2　国家文化专网服务模型

了解放文化人，让他们从不擅长、不熟悉、不精通的事务中解脱出来，专心做最擅长的事，恢复文化人做内容的功力。说得再通俗些，就是把文化数字化搞成"数码相机"一样，文化人不需要懂光学原理，会取景、会按快门就行。

根据《国家文化专网组网技术要求》，国家文化专网由国家文化大数据全国中心（简称全国中心）、区域文化数据服务中心（简称区域中心）、省域文化数据服务中心（简称省域中心）等三级中心互联的部署方式（详见图2.3）：全国中心与各区域中心之间互联，实现全国范围内的数据及内容共享，并为中央宣传部门及文化单位、全国级交易机构提供接入服务；区域中心实现所辖域内省域中心网络汇聚，实现区域间互联互通，以及跨省数据及内容分享，区域级交易机构提供接入服务；省域中心为省内资源端、生产端、消费端、省级交易机构提供接入服务。

透过国家文化专网物理部署结构图，可以清晰地看到，文化机构无论处于哪个端，资源端、生产端拟或消费端，只要接入国家文化专网，就可以实现文化资源数据的汇聚能力和获取能力，以及向文化数据服务平台登记发布文化资源数据和文化数字内容的能力，而且可以

在全国范围内实现互联互通，所需的基本费用就是一笔国家文化专网接入费，大大小于在互联网上搭建平台所需费用。更为重要的是，国家文化专网具备可管理性，保证网络上运行的软、硬件、系统具备可管理能力；具备完善的管理平台，对物理资产、虚拟资产、应用资质实现一站式管理，对资源性能、资源故障、动环状态、资产核查的管理，具备全景可视；全国中心、区域中心、省域中心三中心之间互联网络具备双路由保护能力。真可谓：既省钱又安全。

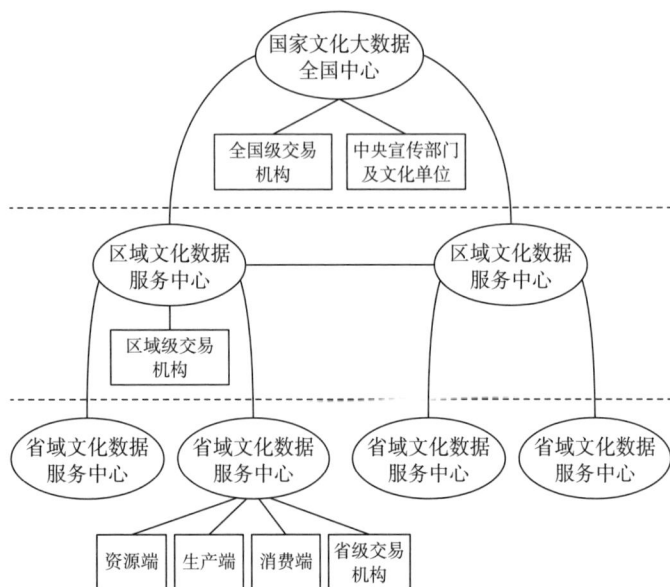

图2.3　国家文化专网物理部署结构

装上"ETC"换赛道

文化机构如何接入国家文化专网、融入国家文化大数据体系?

其实很简单。如果要问,文化机构是怎样接入互联网的,答案也很简单——拉一根网线就解决了。同理,文化机构只要提出请求,所在地广电网络公司为其拉一根网线,自然也就接通了国家文化专网,驶入了国家文化大数据体系这条高速路、数字化转型升级的新赛道。

国家文化专网与互联网一样吗?被两根线导入不同的赛道,二者肯定是不一样的。这里边也隐藏着一个技术性很强的问题:标识解析。

啥叫标识解析?

提起标识解析，很多人会感到很陌生，但对互联网域名解析应该很熟悉。当用户访问一个网站，需要输入域名，比如伏羲云，服务器会把域名解析到一个 IP 地址。通俗地说，将便于记忆的域名转换为机器可以识别的 IP 地址，这个过程就叫域名解析。域名的解析是由 DNS 服务器完成的。

标识编码是标识解析的基础。所谓标识编码，就是给每一个数据分配唯一可读的标识符，这个标识符类似于"身份证"。迄今为止，国际标准化组织（ISO）在信息与文献领域发布了 12 项标识符国际标准，比如每本书的书号，采用的是 ISBN，每种杂志的刊号，采用的是 ISSN。除 ISBN、ISSN，还有标识乐谱出版物 ISMN、标识录音制品和音乐录像制品的 ISRC、标识视听作品的 ISAN、标识数字对象的 DOI 以及标识源与目标之间关联关系的 ISLI 等。

标识符不一样，用途也不同，比如说 ISBN 和 ISSN，它们两者虽然都是标识以文字为主的出版物，但是侧重点不一样，ISBN 是专题的出版物，即图书，ISSN 标识的是连续型出版物，即期刊。此外，ISSN 标识期刊，DOI 标识期刊中的某一篇文章。

2015 年，国际标准化组织（ISO）发布了由我国提案创建的关联标识符国际标准，即ISLI（英文全称 International Standard Link Identifier），这是信息与文献领域唯一标识实体之间关联关系的全球通用标识符，但不替代各个行业正在执行的标识符标准。在国际标准化组织已发布的12项标识符国际标准中，只有ISLI具有关联功能，具有解析功能的仅有两项，即ISLI和DOI（数字对象标识符）。

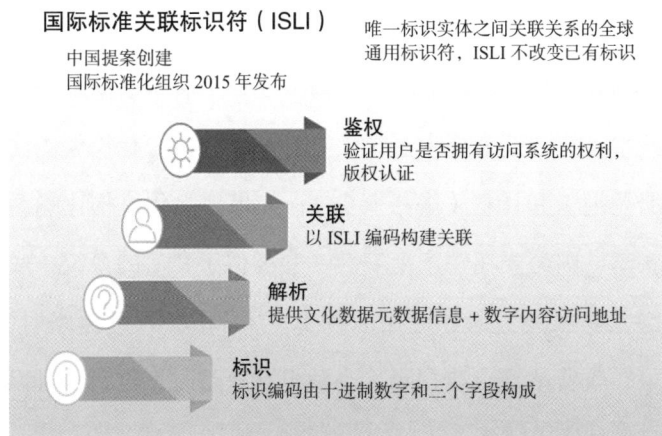

图3.1 国际标准关联标识符功能图

标识及标识解析是《意见》的焦点之一，在重点任务中明确提出，统筹利用文化领域已建或在建数字化工程和数据库所形成的成果，全面梳理中华文化资源，推动文化资源科学分类和规范标识；在保障措施中，明确

提出要加强标识解析体系建设，推广信息与文献相关国际标准。

如何建设标识解析体系？

依托我国提案创建的关联标识符国际标准（ISLI）进行技术架构，即在广电网络公司机房部署提供标识编码注册登记和解析服务的技术系统、在文化机构数据中心部署底层关联服务引擎和应用软件，就可以形成了标识解析体系。

打个比方，如果把国家文化专网比喻为全国互联互通的高速路，广电网络公司需要在每个收费站安装一套技术系统，这套技术系统负责发卡或扫码（标识编码注册登记）和计费（解析服务）；如果把文化机构比喻为轿车，则需要在轿车上安装一套类似于ETC的系统（底层关联服务引擎和应用软件），当轿车驶入高速路时，可在收费站领卡或扫码，当驶出高速路时，收费站可以自动计费或结算。

对于文化机构来说，标识解析这样一个技术性很强的问题，又可以打包成类似于ETC这样的系统，同样不需要理解其技术原理，只需学会使用即可。

文化机构如何安装这套类似于ETC的系统？

在信息与文献标识符领域，凡对标准的唯一性、使用的规范性特别需要维护的标识符，国际标准化组织便会为其设立一个"国际注册权利机构"（Registration Authority，简称RA），比如ISBN RA，ISSN RA。RA是标准应用规则的制定者、标准应用的认定者和标准应用数据的汇聚者。凡是使用标识符国际标准，必须按RA制定的规则，向RA提供相关元数据信息。国际标准化组织为ISLI设立了RA，ISLI RA设在我国香港地区，底层技术系统提供商（TP）为设在我国境内的公司，具体负责研发底层关联服务引擎和应用软件，并为文化机构装配。

国家文化大数据体系建设是大兵团作战，涉及宣传、网信、文旅、新闻出版、电影、广播电视、文物等部门，涵盖思想理论、文化旅游、文物、新闻出版、电影、广播电视、网络文化文艺等不同领域，文化机构众多且行业差异较大，部署底层关联服务引擎和应用软件，需要区别对待，因地制宜：

——对于文化资源数据量巨大、居行业领军地位且拥有独立的数据中心的文化机构，可在其数据中心部署底层关联服务引擎和应用软件，内置集成，通过应用程序编程接口（API），委托发布一个数据即赋予一个ISLI码，将授权清晰的数据导入国家文化专网；

——对于文化资源数据量较大、具有数据中心的文

化机构，可进行本地化部署；

——对于不具备设立数据中心条件的文化机构和公民个人，可采取云服务模式，登录国家文化大数据标识注册中心服务门户网站，注册即可使用，在一定使用量范围内免费，超过部分按照梯次收费。

2022年8月，ISLI RA授权中国公共关系协会文化大数据产业委员会（即专委会），设立ISLI区域/行业注册机构，即ISO 17316-ISLI-DRA，在ISLI RA业务框架和规定的范围内，承担中国国家文化大数据体系领域的ISLI注册管理业务。为此，专委会专门设立了国家文化大数据标识注册中心，并建成以ISLI注册服务为基本业务的门户网站——伏羲云（www.fxiyun.com），向ISLI用户提供身份注册和ISLI关联编码登记服务，向用户提供ISLI关联编码元数据检索和查询服务。

国家文化大数据标识注册中心始终把社会效益放在首位，遵循社会公共利益优先原则，促进公共文化资源数据依法依规向公众开放，保障公共文化资源数据安全，维护国家文化大数据体系运转的公开、公正、公平、有序、透明。为提高标识解析服务的效率，国家文化大数据标识注册中心在已部署提供标识编码注册登记和解析服务技术系统的省域中心以及行业中心、专业中心和关联平台设立派出机构，接受国家文化大数据标识注册中心管理和监督，协同开展国家文化大数据标识解析服务。

国家文化大数据标识编码由文化机构及公民个人申请、国家文化大数据标识注册中心统一分配并进行合规性审核。分配标识编码时，应登记相应标识类型规定的元数据。标识编码申领者必须拥有被标识实体的所有权或使用权，并符合国家政策。一个标识编码只能分配给一个实体，一个实体在不同的应用中可以有多个种类的标识编码，但在同一个命名空间内只能有一个标识编码。标识编码分配与使用具有永久性，不受时间限制。

小小的ISLI码，居然能够撬动大体系，其作用不能小觑：

——实现物理分布、逻辑关联。数据既可以分布式存储，谁的数据储存在谁的服务器，不授权别人拿不走，又可以通过ISLI构建关联，把数据关联起来，实现逻辑上关联；既能够让数据被发现，也能够实现数据互联互通，还能够为数据确权。

——数字世界的身份证。数字身份、数字货币和数字资产是元宇宙的核心要素，数字身份不解决，元宇宙的治理成本比互联网高昂得多。ISLI编码不仅可以为每一条数据确权，也可以用来对进入元宇宙的机构和个人

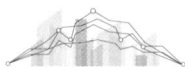

进行身份认证，而且具有全球唯一性，全球通用。

——区块链技术落地。《意见》明确提出，要推动标识解析与区块链、大数据等技术的融合创新。区块链技术要落地，最大的问题就是没有公链，实际上演变为联盟链，进而又变成了"孤链"。依托ISLI底层技术而形成的关联链，通过同各个联盟链对接打造主权链，即国家主权、数据主权，为区块链技术应用"背书"。

——数据交易便捷。数据有了ISLI码，交易就可以实现"一码通"，即凭码交易，凭码结算，大大提高了数据交易的效率和便捷性。

数据交易"一码通"

马克思在《资本论》中讲过一段话：从商品到货币是一次惊险的跳跃。如果掉下去，那么摔碎的不仅是商品，而是商品的所有者。借用马克思的这段话来说明，数据交易在实施国家文化数字化战略中的重要性。

在国家文化大数据体系架构上，交易扮演着十分重要的角色——既是资源与生产的中介，又是生产与消费的中介（详见图4.1）。文化资源从资源端进入云端交易，生产端从云端购买文化资源加工提炼出素材再进入云端交易，从云端购买到素材的生产端进行二次创作生产文化产品进入云端交易，并通过云端分发到消费端。

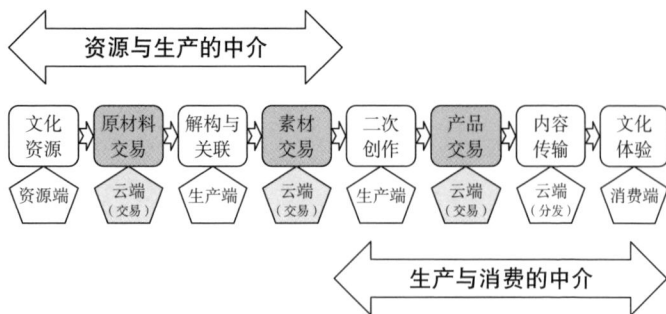

图4.1 交易双中介示意图

数据变现是文化数字化的驱动力。文化数字化十多年前就部署了，文化机构或多或少都有数据，如何让这些数据变现，成为文化机构的收入增长点，或者是新的来源，必须打通数据交易这"最后一公里"。

《意见》提出，鼓励多元主体依托国家文化专网，共同搭建文化数据服务平台，支持法人机构和公民个人在文化数据服务平台开设"数据超市"，依法合规开展数据交易。

"数据超市"的搭建，可以解除文化机构的许多担忧：

——这些年，文化机构多多少少都积攒了一些数据，文化数据库一般也都是自建自用，"数据孤岛"造成数据供求脱节，数据使用率普遍不高，甚至造成数据库建设上的重复建设。一旦文化机构的数据中心被国家文化专网贯通，数据信息即刻互联互通，通过"数据超市"提供的搜索服务，即可自动匹配文化资源数据，实现数据撮合、分享。

——文化机构在互联网"打拼"，吃亏最多的就是自己没有独立的平台，但自己建平台，一是投入很大，二是影响有限。一旦接通国家文化专网，进入"数据超市"，文化机构只需要"开店"即可，不光节省了投资，而且规避了不熟悉平台运营的"短板"，腾出精力专注于做内容。这叫做"专业的事让专业的人做"，换取的是擅长做内容的不再做不擅长的事，不再为平台奔波。

——消费互联网时代，文化机构对盗版有切肤之痛，对版权极为敏感，几乎成了"条件反射"，无论谈到怎样的思路和举措，第一反应就是版权保护。数字化时代，文化产品升级为文化数字内容，产品形态、文化业态都变了，理论上讲，版权保护比以往更简单、更容易了。特别是在文化数字化构建的全新体系，无论文化资源数据，还是文化数字内容，都被赋予唯一的标识符，作为确权、交易、清算、支付等方面的通行证，版权保护的技术手段和制度安排都很周密。

——为了让关联数据的变现收入在分配上体现多劳多得，就需要为每个关联数据发放"身份证"，就是ISLI

标识符，它不仅在文化资源数据的元数据中标注了著作权人，标明是谁的关联数据，而且终身伴随着数据流转，在底层技术上保护版权。

——文化业态很多，但在文化行政分业的情况下，彼此却处于分割状态。有线电视网络是广电的，书报刊是新闻出版的，文艺院团、图书馆、美术馆、博物馆是文化文物的。数字化时代，文化应当是体验性的，而文化体验的样式是丰富多彩的，跨界必将是常态，无界也指日可待。贯通业态和业态的基本途径就是"大关联"，文化数据和文化遗产之间，文字、声音、色彩、线条、形体等文化元素之间，图书、图片、图像等形态之间，一旦关联起来，就会产生文化新业态。

数据交易是新事物，是进入数字化时代遇到的问题。既然是新事物、新问题，就要用新思维对待、用新办法解决。说得直白些，如果还用产权交易、资产交易那套老办法，先登记，再评估，然后再挂牌、摘牌，"黄花菜都凉了"。

针对目前数据交易所存在的交易不活跃等问题，文化数据交易倡导"一码通"，即交易主体及其交易标的被赋予唯一的关联标识符（ISLI码），凭码交易、凭码结算。

> **建设国家文化大数据**
> **交易体系**
>
> 交易（数据超市）
>
> 交割（文交所）
>
> 交付（点对点）

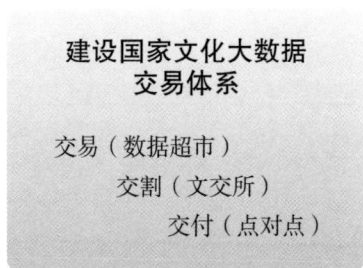

图4.2　交易、交割和交付分离图

文化大数据同当下其他领域的大数据最大的区别，它是供给侧的大数据，是从文化资源转化、萃取的具有内涵的数据，数据不涉及个人隐私。在这种情况下，完全可以走另外一条路，即交易、交割和交付实行三分离。（详见图4.2）文化数据交易由买卖双方在"数据超市"完成交易，文化产权交易所提供第三方交割，交割完成后"点对点"交付数据，以确保数据安全。

数据资源表外入表内

这些年，几乎每个文化机构都积攒了一些数据，建成了不同专题的数据库，但数据的使用率不高，资产化程度更低。如何破解文化数据资产化这一难题，成为数字化转型升级不可逾越的课题。

对此，《意见》提出了三个方面的指引：一是推动文化机构将文化资源数据采集、加工、挖掘与数据服务纳入经常性工作，也就是说，不要泄气，继续推动文化资源数据化；二是将凝结文化工作者智慧和知识的关联数据转化为可溯源、可量化、可交易的资产，短短一句通俗的话，道出了文化数据资产化的理论依据，即关联数据是文化工作者的劳动成果，根据马克思的劳动价值论，劳动创造价值，资产是价值的货币表现；三是支持法人机构和公民个人在文化数据服务平台开设"数据超市"，依法合规开展数据交易，也就是说，数据变现是资产化的现实形态。

2023年8月，财政部印发了《企业数据资源相关会计处理暂行规定》，对数据资源入表作出了制度性安排，从2024年1月1日开始执行。这是文化数据资产化的福音，恰似文化数字化的"加油站"。

数据资源从表外到表内要过两关：一是资产定义关，二是资产的确认与计量条件关。

关于资产定义：《企业会计准则——基本准则（2014）》第三章第20条规定，资产是指企业过去的交易或者事项形成的、由企业拥有或者控制的、预期会给企业带来经济利益的资源："企业拥有或控制"是资产定义中不可或缺的一部分，这就涉及数据资源的确权问题；预期带来未来增量现金流量的可能性＜50%的那种数据资源，在表外披露，但不记账。满足资产定义的数据资源，如果进一步满足了资产的确认与计量条件，就可以纳入表内以资产的会计要素进行核算。

关于资产的确认与计量条件：《企业会计准则——基本准则（2014）》第三章第21条规定了两个条件：一是

与该资源有关的经济利益很可能流入企业，二是该资源的成本或者价值能够可靠地计量。关于流入企业经济利益的可能性，一般认为要大于50%；满足成本"能够可靠地计量"条件，涉及到数据的定价、估值等多方面问题。

《企业数据资源相关会计处理暂行规定》的印发，在产业界引发了热烈讨论，讨论的焦点之一，就是在操作层面遇到的挑战：一是计量单元确定难，采用怎样的数据识别技术进行标识；二是计量的可靠性，计量数据怎样经得起推敲验证；三是后续计量如何考量数据价值随着时间流逝。

应当说，实施国家文化数字化战略，为解决"数据资源入表"难题提供了具有方案：

1.标识。《意见》十分重视标识问题，不仅明确"全面梳理中华文化资源，推动文化资源科学分类和规范标识"，而且强调"加强标识解析体系建设，推广信息与文献相关国际标准"，"推动标识解析与区块链、大数据等技术融合创新，为文化资源数据和文化数字内容的确权、评估、匹配、交易、分发等提供专业服务"。国家文化大数据标识注册中心部署了统一的ISLI注册系统，同部署在广电网络公司的提供标识编码注册登记和解析服务的技术系统，以及部署在文化机构数据中心的底层关联服务引擎和应用软件实现无缝衔接，对国家文化大数据体系中的文化数据进行标识，为每一个数据发放唯一身份证。

2.确权。2023年9月，在"2023北京文化论坛"上，北京市版权局与专委会签署战略合作协议，设立可信版权链国家文化大数据超级节点，对接国家文化大数据标识注册中心，共建文化大数据领域数字版权标识标准，为国家文化大数据体系提供可信数字版权。可信版权链是全国首个由政府主管部门主导的版权链，是由版权行政管理部门签发的数字版权证书，入选中央网信办等16部委国家区块链创新应用试点。打通可信版权链和北京互联网法院建立的区块链电子存证平台——天平链，形成了法院、公证处、司法鉴定所、国家文化专网、互联网平台共同参与的数据治理生态，为文化数据提供版权登记、确权、存证、变更、维权等基础服务。

3.交易。无论是初始计量，还是后续计量，都离不开数据交易。数据资源被确认为无形资产或存货，初始计量中都包含了包括购买价款在内的采购成本，即使企业内部产生的数据资源，其价值也需要从数据交

易中反推和验证。深圳文化产权交易所承建的全国文化大数据交易中心、江苏文化产权交易所承建的国家文化大数据华东区域交易平台暨江苏省文化大数据交易平台相继上线运行，为来源于文化资源的数据交易搭建起服务平台，同时对确认为无形资产或存货的数据资源进行初始计量、后续计量等相关会计处理，奠定了基础。

融资难、融资贵始终困扰着文化企业，因为文化产业是轻资产行业。为解决文化和金融对接问题，2010年，中宣部会同中国人民银行、财政部以及原文化部、广电总局、原新闻出版总署、原银监会、证监会和原保监会出台了《关于金融支持文化产业振兴和发展繁荣的指导意见》；2016年，在中宣部和财政部的支持下，中国资产评估协会印发了《文化企业无形资产评估指导意见》。财政部《企业数据资源相关会计处理暂行规定》，对于从源头上解决文化和金融对接提供了机遇。

将数据纳入企业报表的资产项，数据资产入表后对于企业最直观的改变，就是企业资产规模的提升。数据资源入表在盘活数据资源价值的同时，为企业依据数据资源开展投融资等业务提供依据，企业增加很多融资渠道，数据以前只是作为一种征信手段，未来可以利用数据资产进行抵押或证券化，企业数据资产化增加资产规模，间接提高企业的信用评级和融资能力，同时减少文化企业与投资者之间信息不对称，帮助企业吸引投资、优化财务结构、提升公司估值。

转型升级新路径

文化机构对文化数字化都持一种开放态度，认为这是大势所趋，特别是2020年突如其来的新冠肺炎疫情，线下文化活动基本停摆，线上文化消费需求"井喷式"增长，文化机构深切体会到错过数字化就会被边缘化甚至淘汰，数字化转型升级势在必行，不管是公益性文化事业单位，还是经营性文化企业。

为促进文化机构数字化转型升级、跨越"数字鸿沟"，《意见》把促进文化机构数字化转型升级作为一项重点任务，并提出了相应解决方案，即鼓励和支持文化旅游、文物、新闻出版、电影、广播电视、网络文化文艺等领域的各类文化机构接入国家文化专网，利用文化数据服务平台，探索数字化转型升级的有效途径。这就为文化机构数字化转型升级规划了新路径。

路径的变化必然引发思维方式的变革。

为什么要使用国家文化专网而不是互联网？消费是互联网的天然属性，无论是PC互联网，还是移动互联网，本质上都是消费互联网。互联网催生了消费新模式、新方式和新业态，改变了人类的生活方式，并把消费推向了极致，却改变不了其消费属性。世界进入数字化时代，相对于同互联网将消费推向极致不同，数字化是把生产推向了新高度。换言之，互联网触动的是消费，数字化撬动的是生产。

在推动数字化转型升级过程中，文化机构几乎都在建平台，投入很大，维护成本很高，还要去想各种办法去引流，利用效率不是太高。如果接入国家文化专网，自然就导入国家文化大数据体系，进入了四端——资源端、生产端、消费端和云端，每个文化机构就可以定位，搭建起专业化的数字化文化生产线，完成数据从采集、解构、关联到重构、呈现，形成两类产品：一是文化资源数据，类似于种子；二是文化数字内容，类似于小麦或者面包。

国家文化大数据体系究竟有什么，能够把所有文化

机构吸引进来?

1.有数据。文化资源数据目前是分散的,分散在不同领域,存在于不同形态。《意见》要求按照统一标准,关联零散的文化资源数据,关联思想理论、文化旅游、文物、新闻出版、电影、广播电视、网络文化文艺等不同领域的文化资源数据,关联文字、音频、视频等不同形态的文化资源数据,关联文化数据源和义化实体,形成中华文化数据库。具体途径包括:

一是汇集,就是把全国性文化资源普查数据汇集起来,包括文物、古籍、美术、地方戏曲剧种、民族民间文艺、农耕文明遗址等数据资源。在全国性文化资源普查方面,2017年中办、国办印发的《关于实施中华优秀传统文化传承发展工程的意见》就提出"实施中华文化资源普查工程"。国家数据局等17个部门印发的《"数据要素×"三年行动计划(2024—2026年)》明确,推动文物、古籍、美术、戏曲剧种、非物质文化遗产、民族民间文艺等数据资源依法开放共享和交易流通。

全国性文化资源普查数据量十分浩大:

——全国第三次文物普查显示,全国共登记的不可移动文物共766722处,普查共制作电子数据包2868个,其中文本文件462.1万个,各类图纸156.8万幅,照片

228.1万张，所占空间近8TB；

——第一次全国可移动文物普查仅照片就5000万张，数据总量超过140TB；

——共著录登记汉文古籍270余万部和藏文古籍1.8万函，2861家单位参与并完成古籍普查登记工作，已累计完成645家收藏单位的《全国古籍普查登记目录》，共计137种215册，收录147万余条款目；

——全国美术馆藏品普查，藏品实际数量592663件，藏品图片820288幅，数据总量6.9TB；

——全国现存348个剧种，参加普查的戏曲演出团体共有1.2万个，共收入表格11万份、图片4.7万张；

——被誉为"文化长城"、耗时30年完成的《中国民族民间文艺集成志书》，共计298卷、400册，约4.5亿字，收集相关资料逾50亿字（包括曲谱、图片）。

近期，文化和旅游部发布了11个文化资源普查成果转化利用典型案例，充分展示了文物、古籍、戏曲剧种等各项文化资源普查工作成果。

二是采集，包括开展红色基因库建设，对红色纪念馆藏品进行高精度采集、标注，并实现全国联网，形成中华民族文化基因库。在数据采集方面，故宫博物院保存约186万件文物藏品，已有90万件套实现了数字化采

集，占48%左右。中国国家博物馆有约143万件套，70万件套实现数字化采集，约占49%。中国美术馆有约13万件套藏品，有10万件套已经实现了数字化采集，约占76.9%。国家图书馆的古籍大约317万册件，目前有61万册件实现了数字化采集，约占19.3%。

三是贯通，就是按照物理分布、逻辑关联原则，通过标识解析体系，把已建或在建的文化专题数据库关联起来，实现数据互联互通，通过释放数据解放文化生产力。

至于已建数据库（媒资库）就更多了。比如出版领域，具有一定规模的数据库已经不少，期刊领域有同方知网、万方数据、龙源期刊、维普期刊等大型期刊数据库，在图书领域有综合性的国家数字图书馆、读秀网、掌阅科技、中文在线、方正电子书等图书数据库，专题性的如人民出版社的中国共产党思想理论资源数据库、科学出版社的科学文库、社科文献出版社的皮书数据库等，以及专业性的如中华古籍资源库、爱如生、翰堂典藏、书同文等古籍数据库等，还有许多出版社、报社建设了自己的数据库。

2.有标准。在文化数字化领域，我国已经建立团体、国家、国际三个层次有机衔接的标准化工作机构，形成了完善的文化数字化标准体系和工作机制，掌握了文化数字化标准话语权。在团体标准层面，专委会规划了70多项标准，涵盖了国家文化大数据体系建设的关键环节（详见图6.1），目前已编制发布了33项；在国家标准层面，在全国信息技术标准化技术委员会（TC28）专门成立了文化大数据行业组，开始启动本领域的国家标准化工作；在国际标准层面，我国牵头在ITU-T SG16成立了"文化数字化系统与服务"专题组，组织启动了22项ITU-T国际标准编制工作。

3.有客户。整个国家文化大数据体系有多少客户？大概估算了一下，前面列举的博物馆、美术馆、图书馆、文化馆、艺术科研，包括电台、电视台、报刊社、出版社、文院团，还有一些文化企业算到一起，有四万多家资源端和生产端的机构，消费端数量就更大了，比如旅游景区全国有将近1万个，新华书店网点有1万个左右，学校有23万所，购物中心有三千多座，县级文化馆有将近三千个，社区服务中心一万五千多个，机场248个，车站有五千多座，这些消费端机构加在一起，再加上一千多家新时代文明实践中心、两千多家县级融媒体，一起有将近30万家，所以说整个客户的数量巨大，并且还没有加上文化个体户。根据国家总局普查的数据，整

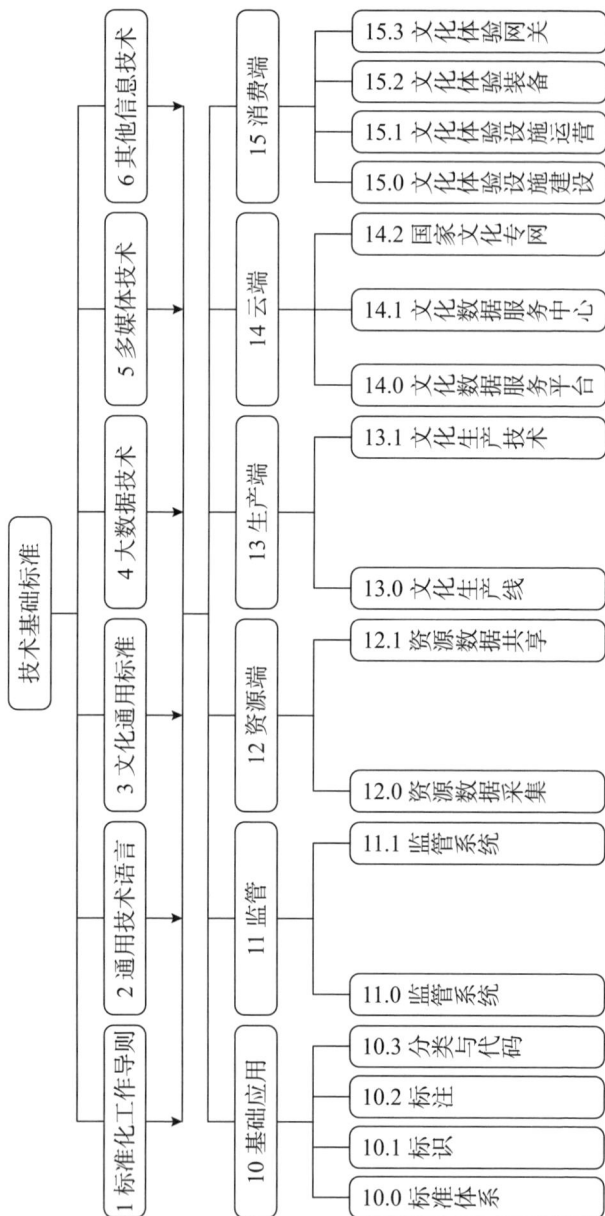

图 6.1 国家文化大数据体系团体标准规划图

个文化领域当中还有200万左右的文化个体户，有将近2000万的文化的从业人员，所以说客户的量是非常大的。

4.有交易。《意见》明确，基于国家文化专网搭建数据超市，通过数据超市满足法人机构和公民个人对数据买卖的需求，有数据卖数据，没有数据买数据。

5.有安全感。在国家文化大数据体系架构上，核心的问题就是数据安全问题。如果数据安全做不到，要建成体系是非常困难的，即使建成了体系，也会出现很多问题。为确保数据安全，国家文化大数据体系设置了多道闸门：

——第一道闸门就是国家文化专网。国家文化专网闭环运行，同互联网物理隔离。全国各级各类宣传文化部门和单位将其数据中心接入国家文化专网，所有文化数据的生产加工就在闭环系统内完成，所生成的文化数字内容同互联网平台对接。

——第二道闸门是数据存储分布式。不把所有文化数据集中在一起，依托各部门和各单位的数据中心分布式存储，在国家文化专网实现全国范围内的互联互通，经授权方可开发加工数据。

——第三道闸门是标识解析可溯源。不取代现有数据标准，采用我国提案创建的信息与文献关联标识国际

标准，使每个数据都有唯一的标识符，未经授权而获取的数据，就不被解析系统识别，在技术上确保"谁的数据谁做主"。

经历了三年新冠疫情，文化机构普遍存在经营上或财政供给上的巨大压力，数字化转型升级应该走一条低成本之路。如果文化机构接入国家文化专网、融入国家文化大数据体系，完全可以探索出一条低成本的数字化转型升级之路：

1.就地取材。实施国家文化数字化战略是宣传思想文化战线的大会战，建设国家文化大数据体系是依托现有的工作基础来推动的：

——依托已建数据库（媒资库），形成中华文化数据库。《意见》指出，统筹利用文化领域已建或在建数字化工程和数据库所形成的成果，按照统一标准关联零散的文化资源数据，关联思想理论、文化旅游、文物、新闻出版、电影、广播电视、网络文化文艺等不同领域的文化资源数据，关联文字、音频、视频等不同形态的文化资源数据，关联文化数据源和文化实体，形成中华文化数据库。关联形成中华文化数据库，一定要统一标准、统一接口。统一标准不是把目前各行业现行的标准都统一起来，而是指关联的标准一定是统一的；同一接口就是国家文化专网这个接口。

——依托有线电视网络设施，形成全国一体化文化大数据中心。有线电视网络始建于20世纪80年代，目前已建成4万多公里的国干网、220多万公里的省干网以及覆盖全国3.36亿家庭用户的接入网。文化数据服务中心是国家文化大数据体系的枢纽，服务于文化资源数据的存储、传输、交易和文化数字内容分发。《意见》指出，建设具备云计算能力和超算能力的文化计算体系，布局具有模式识别、机器学习、情感计算等功能的区域性集群式智能计算中心，构建一体化算力服务体系，为文化数字化建设提供低成本、广覆盖、可靠安全的算力服务。

——依托文化产权交易所，搭建"数据超市"。《意见》指出，支持法人机构和公民个人在文化数据服务平台开设"数据超市"，依法合规开展数据交易。"数据超市"基于国家文化专网搭建、依托文化产权交易所而形成，其主要功能就是满足法人机构和公民个人买卖数据，服务文化数据交易，通过搜索查询，实现数据撮合、分享。如果有文化资源，就加工数据，通过解构、关联形成文化资源数据，进入"数据超市"卖数据；如果没数据，就在"数据超市"购买数据，把它转化为文化数字

内容，再进入"数据超市"交易。专业的工作由专业人员干，专业人员做擅长的工作，形成数字化时代分工新格局。

——依托文化教育设施，形成场景化文化体验场所。《意见》指出，利用现有公共文化设施，推进数字化文化体验，巩固和扩大中华文化数字化创新成果的展示空间。文化重在体验，文化体验需要场景化，现在的技术已经做到，只要有空间就能够营造出场景。《意见》提出利用两大类空间，搭建数字化文化体验的线下场景：一是文化教育设施，包括新时代文明实践中心、学校、公共图书馆、文化馆、博物馆、美术馆、影剧院、新华书店、农家书屋等；二是公共场所，包括旅游服务场所、社区、购物中心、城市广场、商业街区、机场车站等。

2.抱团取暖。就是各级各类文化机构通过国家文化专网联结在一起。无论是2018年以前文化在行政管理上被划分为文化艺术、广播影视、新闻出版、网络文化，还是2018年以后被划分为文化旅游、文物、新闻出版、电影、广播电视、网络文化，从供应链角度看，文化不同行业之间是可以形成互补关系的，但文化行政分业造成了文化资源分割、行业壁垒，做出版的不了解广电网络，做电视的不了解出版，手里有大量的数据资源、文化资源的，对出版和广电又很陌生。国家文化大数据体系建设，为宣传思想文化战线的资源整合和优化，提供了千载难逢的机遇。

唤醒"大文化"意识，广电联手文化，出版不再旁观，新赛道就在脚下。如果游离于体系之外，单打独斗，成本太高，代价太大。只有"抱团取暖"，文化机构才能"扬长避短""战无不胜"。

超大规模加工数据

数字化时代，数据是基础性、战略性资源，是重要的生产要素，也是新能源。《意见》指出，在文化数据采集、加工、交易、分发、呈现等领域，培育一批新型文化企业，引领文化产业数字化建设方向。

数据不标注，等于没内涵。这些年，每个文化机构都拥有一定数量的数据，但由于大多数没有标注，许多数据缺乏文化内涵，不能成为真正的生产要素。

数据成为文化创新创造的素材，需要进行深加工：一是要对文化数据进行科学分类。分类标准可参照联合国教科文组织的文化统计框架，将数据划分为六大类别，即文化和自然遗产、表演和节庆活动、视觉艺术和手工艺、书籍和报刊、视听（音像）和交互媒体、设计和创意服务；二是按照专业性的知识图谱进行编目，确定每个数据的方位；三是对文化资源数据的特征进行描述并进行数据标签化；四是为每一个元素级数据分配ISLI标识编码。

2021年10月，专委会发布了《文化资源数据分类与代码》团体标准（/CPRA 301—2021），按照联合国教科文组织划分的六大类别进行分类，代码采用七位代码四级分类表示，其中，第1位使用英文大写字母表示第一级分类，第2位~第3位用十进制表示指定二级分类代码，第4位~第5位用十进制表示指定三级分类代码，第6位~第7位用十进制表示四级分类代码。

数据标注具有很强的专业性，同时也是规模巨大的新兴产业。2018年，百度入驻山西综改示范区，打造数据标注产业基地。截至2022年5月，百度山西数据标注基地办公面积超19000平方米，已有5000名数据标注师，已入驻53家代理商，基地累计产值超5亿元。百度已在山西太原、山东济南、山西临汾、重庆奉节、四川达州、甘肃酒泉、江西新余7个地域，建设百度智能云数据标注基地。基地依托百度人工智能技术的发展，为供应商提供标注资源、标注工具，供应商能够自由访问百度现

有的 AI 标注平台。通过标注工具和预标注算法，借助机器决策，标注过程实现了人员和数据自动流转，摆脱了人工干预。

百度数据标注基地的做法和经验，具有很强的示范作用和借鉴意义。专委会做了两方面的探索：一是同科技公司联创文化大模型，二是布局国家文化大数据标识基地。

针对文化企事业单位在文化数字化建设中面临的数据体量大、处理成本高、数据处理效率低等问题，以及文化机构自有数据量多、但因大模型投入大而裹足不前，专委会同华为云计算技术有限公司（以下简称"华为云"）发挥各自优势、实现强强联合，充分运用文化数字化建设成果，发挥华为云在人工智能大模型领域的技术优势和研发能力，联合研发出文化大模型。

文化大模型是基于华为盘古大模型而开发的。华为的盘古大模型是一个基础大模型，主要作用就是做好海量基础知识的学习，可以形象地理解为"读万卷书"。在此基础上依托行业伙伴的专业数据打造行业模型和场景模型，可以称作"行万里路"。文化大模型是在基础大模型的基础上形成的行业模型，文化机构再基于文化大模型开发专业模型，也就是场景模型。

经中国数字文化集团、国家图书馆出版社、雅昌文化集团、北京世纪超星等机构的评测，文化大模型基本达到了设计目标，能够满足实施国家文化数字化战略中AI能力建设的各类应用场景，包括但不限于：自然语言处理能力（NLP），图片自动分类聚类能力，自动化标签能力，长视频切片能力，知识图谱（语义识别、概念抽取），AIGC能力，赋能数字人等。

——中国数字文化集团拥有国家舞台艺术影像库等8个主数据库、69个子库、276个文化资源数据库，数据规模达6000TB。由于数据采集、封装、存储的标准不同，在实际工作当中需要投入大量的人力与物力来对数据进行人工识别与手动标注，不仅效率低，增加了人力成本与时间成本，而且错误的数据标识又会影响其他关联数据，最终导致数据标识错误率的增加。接入文化大模型，就可以对海量文化资源数据进行过滤，将重复、冗余、弱相关的旁支数据自动筛除。文化大模型强大的自然语言理解、智能图像识别、图文生成与图文转化功能，还能够直接对文化资源数据的文字描述和图像内容等要素进行理解和识别，自动抓取关键词并智能产出对应的档案标签，自动进行数据分类。

——国家图书馆出版社是一家古籍专业出版社，以整理各种稀见历史文献为主要特色。前期在数字出版方面进行了一些尝试，也遇到了一系列的问题，比如中国古籍大约有20~30万个品种，因为古籍中的插图没有标准，很多情况下难以判断有没有插图，以及插图在哪一页，只有采用人工的方法，一张张的浏览将插图挑选出来，收集大约14万多张古籍插图，就花费了几年时间。利用人工智能技术，即使普通人员也可以在短时间内完成。另外，打造一个出版行业自己的通用大模型，是出版社自身难以实现的目标，而文化大模型的出现，为整个出版行业的发展提供了一个新的契机，借助文化大模型，融合出版可以实现一次新突破。

——雅昌文化集团以艺术数据为核心，打造了艺术行业中最大的中国艺术品数据库，急迫需要在业务应用与海量数据库的数据处理上，以智能化提高效率和质量。运用盘古大模型的CV视觉模型、多模态模型，可以智能化解决图片智能校色、老照片智能修复、图片智能搜索、跨内容的智能标注/关联、以图识文、艺术品价格评估、艺术品鉴定、智能设计、智能排版、构建知识图谱等。

——北京世纪超星信息技术发展有限公司在发展过

程中面临两大问题，一是文本数据和图片数据数字化后的利用率不高，二是搜索定位不准确。在文化大模型评测阶段进行了四方面探索：打造知识图谱自动生成功能，提升时间和效率；打造模糊查询、图片检索；查重与分析，实现对文字与图片、图片与视频与音频的查重；智能归类，根据读者平时个人喜好，根据阅读习惯等进行分类和排序，方便读者查询。

大模型时代，数据是人工智能的三大核心要素之一。优质的数据集直接决定了大模型的竞争力，要把文化大模型打造为便捷、好用的文化数字化生产工具，离不开高质量数据。数据不标注，等于没内涵；数据不标识，等于没身份。为提升文化数据的供给规模和质量，专委会自2023年起布局国家文化大数据标识基地，旨在对文化资源数据进行分类、编目、标引和赋码。目前，国家文化大数据标识基地已有11个，分布于文化、艺术、电影、出版、广电网络、文化投资等细分行业。

需要指出的是，财政部印发的《企业数据资源相关会计处理暂行规定》明确，数据资源无论确定为无形资产还是存货，外购数据的价款（采购成本）以及数据采集、标注等加工成本，相关支出由费用化转变为资产化路径处理，不挤占利润；企业通过数据加工取得确认为

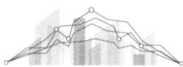

存货的数据资源，其成本包括采购成本，数据采集、脱敏、清洗、标注、整合、分析、可视化等加工成本。上述规定非常有利于推动数据采集、标注、确权、交易等新兴产业发展。

文化数字化成果全民共享

文化数字化为了人民，文化数字化成果由人民共享。这是实施国家文化数字化战略的首要工作原则。为此，《意见》强调，到2035年，要实现中华文化数字化成果全民共享的远大目标。

为确保数据安全，数据采集、存储、加工生产采取闭环管理，即在国家文化专网内进行。同时要求发挥好国家文化专网网关物理隔离作用，对数据共享、关联、重构等主体实行准入管理。

闭环不是封闭。生产是闭环的，但消费是开环的（详见图8.1）：

——通过国家文化专网和电视机"大屏"，将文化

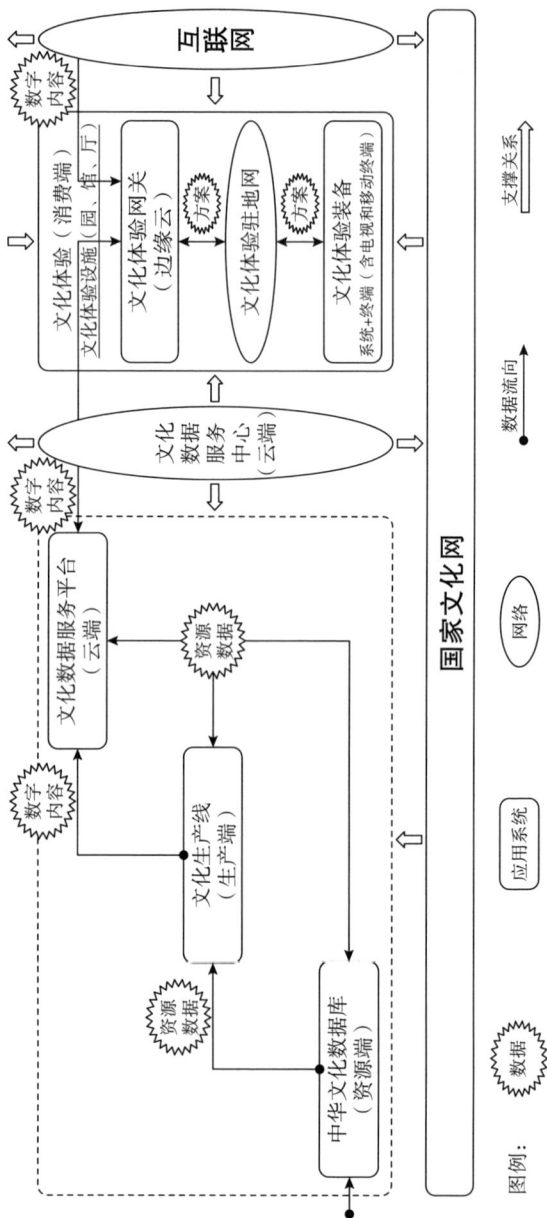

图8.1 文化大数据运行体系图

数字内容分发到千家万户；

——对接互联网消费平台，将文化数字内容分发给移动终端"小屏"和交互式网络电视机"大屏"；

——通过国家文化专网，将文化数字内容分发到学校、文化馆（站）、书店等公共文化设施以及商场、景区、车站、码头、城市广场等公共场所。

广电网络公司过去主要是传输广播电视节目，服务对象主要是居民家庭。国家文化专网极大拓展了有线电视网络的业务空间，对接互联网消费平台和各类文化体验场所，多网多终端分发文化数字内容，广电网络公司的服务对象从居民楼扩展到写字楼、教学楼以至广场。

怎样实现消费上的开环？或者说，国家文化专网如何对接互联网消费平台？

正在实施的"东数西算"工程，为实现上述目标提供了可能。

宁夏中卫西部云基地是全国一体化算力网络国家枢纽节点和国家新型互联网交换中心，俗称"双中心"，中国电信、中国移动、中国联通、亚马逊、美利云、创客超算、炫云数据、中国大脑、爱特云翔等机构都在此建设大型数据中心，即将竣工的国家文化大数据分发中心，与亚马逊、中国电信、中国移动、中国联通数据中

心仅一墙之隔，距离上的优势便于形成战略协同优势，快速对接国内外电信运营商和互联网企业，打通国家文化专网与互联网主要连接节点，为全国文化机构提供多网多终端分发服务。

文化重在体验。文化体验不仅可以让收藏在禁宫里的文物、陈列在广阔大地上的遗产、书写在古籍里的文字都活起来，而且让革命文化和社会主义先进文化动起来。

《意见》提出，集成全息呈现、数字孪生、多语言交互、高逼真、跨时空等新型体验技术，大力发展线上线下一体化、在线在场相结合的数字化文化新体验。

数字化文化新体验包括线上线下两大块，线上包括"大屏"和"小屏"，线下包括文化教育设施和公共场所。

关于线下的"大屏"和"小屏"，《意见》讲得非常具体、明确：创新数字电视、数字投影等"大屏"运用方式，提升高新视听文化数字内容的供给能力，增强用户视听体验，促进"客厅消费"、亲子消费等新型文化消费发展。为移动终端等"小屏"量身定制个性化多样性的文化数字内容，促进网络消费、定制消费等新型文化消费发展。推动"大屏""小屏"跨屏互动，融合发展。

提起线上数字化文化体验，元宇宙绕不过去。元宇宙已成为当下炙手可热的话题，不只在投资界热炒，学术界也掀起讨论热潮，这股热浪甚至已波及到政界，武汉、上海、浙江等地已将元宇宙写入政府工作报告，工信部计划培育一批进军元宇宙等新兴领域的创新型中小企业。

元宇宙这股热潮是国内外互联网巨头带起来的，Facebook 改名为 Meta，微软收购动视暴雪，字节跳动收购 VR 硬件制造商 Pico（小鸟看看），百度推出"希壤"，腾讯希望从游戏下手打造自己元宇宙，等等。从盈利模式是否成熟看，当前元宇宙的布局主要涉及游戏、社交、会展、演出、教育等领域，文化体验、休闲娱乐成为主要应用场景。

文化领域已具备元宇宙发展的基础条件：

1.文化"活起来"为元宇宙发展提供强劲需求。元宇宙运用虚拟现实（VR）和增强现实（AR）以及混合现实（MR）、扩展现实（XR）等技术，为用户提供身临其境的沉浸式互动体验，甚至可以让人们获取真实世界中无法体会的体验。让收藏在禁宫里的文物、陈列在广阔大地上的遗产、书写在古籍里的文字都活起来，需要

搭建应用场景，元宇宙大有用武之地。

2.文化资源数据化为元宇宙发展储备了海量数据。近年来，文化数字化工程项目众多，形成了种类较多、业态齐全、特色鲜明的文化专题数据库集群，涉及思想理论、文化旅游、文物、新闻出版、电影、广播电视、网络文化等不同领域，涵盖文字、音频、视频等不同形态，贯通五千年中华文明。元宇宙的起步阶段，就是要把现实世界数据化，从而把真实世界镜像于数字世界。文化资源数据化积累的海量数据，为元宇宙起好步奠定了坚实基础。

3.广电网络和广电5G为元宇宙发展提供"连接"现实世界和数字世界的基础设施。"连接"是元宇宙发展的基础性问题，也是最核心的问题。沉浸式互动体验需要大量数据来支撑，这对数据传输提出了更高的要求，广电网络一直是传输视频节目的，带宽是明显的优势，现在又有广电5G相配合，有线和无线相对接，为元宇宙搭建线上和线下应用场景提供支撑。

元宇宙发展离不开三大要素，即数字身份、数字资产和数字货币。数字身份是元宇宙的通行证，数字资产是元宇宙的财富形态，数字货币是元宇宙的"硬通货"。元宇宙每个用户都拥有唯一的身份识别码，谁掌控了编码的技术、规则和系统，谁就拥有元宇宙数字身份的认证权，扮演类似于现实世界的户籍警察。布局元宇宙的互联网巨头，都在紧盯数字货币，如扎克伯格的 Diem（过去叫 Libra），颇受国内互联网巨头青睐的 NFT（Non-Fungible Token 缩写，即非同质化代币）。数字货币的背后，是象征国家主权的"铸币权"，主权国家决不会放弃。只要牢牢把控数字身份的认证权、数字货币的发行权，就能抓住元宇宙发展的"牛鼻子"。

发展元宇宙必须选好入口，否则元宇宙的治理成本及难度，远远大于互联网治理，万万不能再走先发展、后治理的互联网之路，教训是深刻的。

如果把电视机作为元宇宙入口，通过国家文化专网，将机顶盒改造成元宇宙发射器，用 ISLI 标识码作为数字身份，由国家文化大数据标识注册中心认定进入元宇宙的机构和个人的身份，扮演元宇宙户籍警察的角色。在此基础上，构建五千层以上的中华文化体验塔，作为中华文化数字化成果展示的空间，在家通过电视机走进中华文化体验塔，出门使用广电 5G 网络走进线下体验场所，逐步实现线上线下一体化、在线在场相结合。

关于线下文化体验，《意见》指出，充分利用新时代文明实践中心、学校、公共图书馆、文化馆、博物馆、

美术馆、影剧院、新华书店、农家书屋等文化教育设施，以及旅游服务场所、社区、购物中心、城市广场、商业街区、机场车站等公共场所，搭建数字化文化体验的线下场景。

文化体验需要场景化。随着新型体验技术的广泛应用，只要有空间，就能够营造出场景，家庭客厅、教室、景区、阅览室、商场、机场、车站、剧场、书店等等空间，都可以改造成场景化的文化体验场所。

根据空间规模，线下文化体验场所可分为三种：一是文化体验园，主要建在旅游景区，把博物馆的藏品"活化"到旅游景区，实现文化和旅游的深度融合；二是文化体验馆，主要建在中小学校园，比照以往电教室的模式，在每一个学校里建一个文化体验馆，甚至把整个校园建成弥漫式或沉浸式的文化体验场所；三是文化体验厅，主要建在社区、家庭以及公共图书馆、文化馆、博物馆、美术馆、影剧院、新华书店、农家书屋等文化设施。无论是文化体验园，还是文化体验馆或厅，都不能走主题公园的老路——内容一成不变，应当是类电影院模式——内容时时可更换。

先说在旅游景区建设文化体验园。

旅游休闲式、集群式的特点，很适合文化体验、文化传播。文化是旅游的灵魂，旅游是文化的载体，作为一种理念很快被旅游界所接受，并不断付诸于实施。实景演出是一种很好的文化体验方式，也有不少成功案例。但实景演出需要一定的空间和游客数量支撑，投入较大、运维成本较高，并不适合所有的旅游景区。

2018年，国家组建文化和旅游部，带给人们的不仅是"诗和远方"的遐想，也包括对文化和旅游实现深度融合的期待。现实是，大多数旅游景区仍然以自然景观为主，游客要领略当地历史文化，必须进城走进博物馆、文化馆、美术馆等。

如何实现白天观景休闲、晚上体验文化？这应该是文化和旅游实现深度融合需要解决的问题。

《意见》强调，充分利用旅游服务场所等公共场所，搭建数字化文化体验的线下场景。这表明，国家已在顶层设计上为文化和旅游实现深度融合规划了路径，架起了桥梁。文化数字化可以为旅游景区搭建数字化文化体验的线下场景，提供文化数字内容从制作、交易、分发到传输落地的全方位综合性服务。促进文化和旅游深度融合，是国家文化数字化战略的题中应有之义。

深入挖掘像博物馆、图书馆、文化馆、档案馆等公共文化机构保管和收藏的文化资源的构成，有个特点很

明显，即这些文化资源同地域文化密切相关，是地域文化的物化或载体。地域文化应该成为数据采集、加工、挖掘与数据服务的一个维度。

只要有中华民族先民生活的地方，都有特色鲜明的地域文化，从中可以挖掘有价值的内涵与内容。比如，河北有"燕赵文化"，山西有"三晋文化"，山东有"齐鲁文化"，河南有"中州文化"，重庆、四川有"巴蜀文化"，江苏、浙江有"吴越文化"，湖北有"荆楚文化"，湖南有"湖湘文化"，福建有"八闽文化"，广东有"岭南文化"等等。

地域文化内容丰富，挖掘得还远远不够。以"燕赵文化"为例，根据中国古典数字工程记载，燕赵有14位君主，言论作品有4万字，涉及到28种典籍，最著名的就是《战国策》。同燕赵有关的成语大概是100条，还有《史记》直书"燕赵世家"的部分约3万字，内容非常丰富。燕赵有关的100条成语，每一条都可以再创造生产出形式多样的文化体验产品。

此外，在旅游景区搭建数字化文化体验的线下场景，不能走主题公园的老路，因为主题公园的内容往往一成不变，应当是类电影院模式，即文化体验的内容经常可更换，有国家文化大数据体系以及无数条数字化文化生产线的支撑，可以为文化体验不断更换内容提供保障，提供菜单式文化服务也是完全可能的。

党的二十大报告提到的数字化只有两次，即教育数字化和文化数字化。文化和教育历来密不可分，我们接触最早的政府部门，应该就是文教局。

文化数字化成果可以支持教育数字化。大家对《清明上河图》并不陌生，这幅传世之作已被数字化，并做成了两种文化产品：一种在2010年上海世博会期间展出，是"动"起来的，一幅动感长卷，令参观者叹为观止；另一种是故宫制作的，叫作触摸式的，是会"说话"的，即经过高清晰扫描，由名家撰写对白、名演员配音，触摸这幅画的任何一个场景都会发出声音，再现张择端所描述的繁华景象。如果在历史课上，教师讲到《清明上河图》时，让学生亲手触摸故宫制作的会"说话"的《清明上河图》，比单纯看课本上的《清明上河图》局部图，教学效果会更好。

再举个地理课例子。地球的公转和自转是地理课必讲的内容，但许多人说毕业这么多年了，即使是受过理工科的高等教育，也对公转和自转的概念很模糊。如果把北京科学教育电影制片厂的相关纪录片，从胶片转成数字的，将教室改造成沉浸式的，让学生置身于宇宙之

中去体验地球的公转和自转，对于启迪青少年的立体思维是大有裨益的。

这些年，中央提出红色文化进校园、优秀传统文化进校园以及戏曲进校园。可不可以比照过去搞电教馆的模式，把电教馆改造成为沉浸式、互动型的文化体验馆。2021 年 7 月，教育部会同中央网信办、国家发展改革委、工业和信息化部、财政部、中国人民银行发布了《关于推进教育新型基础设施建设构建高质量教育支撑体系的指导意见》，提出"建设教育专网"的要求。通过教育专网对接国家文化专网，把适合纳入国民教育体系的文化数字内容，源源不断的呈现于文化体验馆，让青少年零距离分享中华文化数字化成果，增强民族自豪感和文化自信心。

国家文化大数据体系团体标准中，专门有一个标准叫《文化体验馆技术要求 第 1 部分：沉浸式教室》，明确沉浸式教室是将高分辨率影像投射技术、计算机图形技术、画面曲面矫正融合技术、临境声场技术以及摄像机轨迹反求技术等现代影像、声学传播技术有机结合在一起，通过人机识别交互方式，将平面化、文字化的学习内容动态立体图像化，为受教育者提供传统教材无法实现的音视频覆盖沉浸式学习氛围，提升受教育者获取知识主动性，提升记忆知识形象化的教学场所。

文化体验厅是第三类线下文化体验场所，范围很广。比如社区，在城市包括老年社区、党建社区，在农村包括新时代文明实践中心、文化礼堂、文化大院等。再如家庭，要把家庭客厅变成文化体验厅，需求和空间非常大。还有文化设施中的新华书店，全国有近1万个网点，都可以尝试着划出一定区域建文化体验厅，可以结合新书发布、各类讲座，做文化体验。至于公共图书馆等公共文化机构，规模都很大。

举一个例子，现在地产开发商们热炒一个概念，叫"康养"，即健康养老。为什么不用文化养老？老年人对医疗保健的需求，肯定比年轻人大，这是正常的，但对精神文化的需要也是不能小觑的。老年人当身体状况比较好时，可以到处去旅游，随着年龄增加不宜远行时，往往会有些小小的遗憾，比如说没到过敦煌。敦煌研究院已将莫高窟的壁画数字化，通过国家文化专网，即使在老年社区也可以欣赏每个窟的壁画，而且专门有人讲解，最大限度地满足老年人的精神文化需要。文化体验发展空间非常大。

2013年至2016年，原文化部开展全国美术馆藏品普查，藏品涵盖绘画、书法篆刻、雕塑、工艺美术、设计

艺术、民间美术等各种类型的美术作品，藏品实际数量592663件，藏品图片820288幅，数据总量6.9TB。如果每年从中挑选20幅，通过国家文化专网就可以分发到千家万户。每户每年收取一定服务费用，仅此一项收入就十分可观，回馈美术馆足以推动美术馆事业的大发展。

随着国家文化数字化战略的实施、国家文化大数据体系的建设，规划建设"中华文化体验园"的条件和时机已经成熟：

首先，中华民族五千多年文明历史所孕育的中华优秀传统文化，以及党领导人民在革命、建设、改革中创造的革命文化和社会主义先进文化，足以支撑"中华文化体验园"年年都有新内容、季季都有新体验、月月都有新感受。

其次，全景式呈现中华文化不再是构想。一方面公共文化机构、文化生产机构和高校科研机构把收藏的文化瑰宝，通过数字化转化为文化资源数据，另一方面文化企事业单位和文化科技企业将文化资源数据加工生产成文化数字内容，为"中华文化体验园"源源不断提供各类体验性文化产品和服务，呈现给世人的就是一幅幅完整的中华文明画卷。

再次，"中华文化体验园"还是各地区展示本地区地域文化数字化创新成果的大平台，在统一规划下，各自展现各地的特色和风采。

最后，"中华文化体验园"不只是展示文化数字化成果的平台，而且是文化创新创造基地，能够吸引成百上千家文化科技企业入驻，创作生产中华文明数字化成果，成为引领全球的文化创新高地。

随着国家文化数字化战略的深入实施，文化数字化生产力加速发展，数字化文化产品和服务越来越丰富多彩，人民群众无论何时何地使用何种方式，都可以方便快捷地分享中华文化数字化成果，全民共享指日可待。

附录1

关于国家文化数字化战略
实施情况的报告

一年多来，专委会积极参与国家文化数字化战略落地落实，现将我们掌握的进展情况报告如下。

一、中央主导、地方主责、行业联动的以数字化为宣传思想工作赋能的机制已基本形成

两办印发的《意见》清晰地规划了推进实施国家文化数字化战略的路线图和时间表，路线图体现在八项重点任务之中，包括关联形成中华文化数据库、夯实文化数字化基础设施、搭建文化数据服务平台、促进文化机构数字化转型升级、发展数字化文化消费新场景、提升公共文化服务数字化水平、加快文化产业数字化布局和构建文化数字化治理体系，时间表体现在主要目标之中，即到2025年，基本建成文化数字化基础设施和服务平台，形成线上线下融合互动、立体覆盖的文化服务供给体系；到2035年，建成国家文化大数据体系，文化数字化生产力快速发展，中华文化全景呈现，中华文化数字化成果全民共享、优秀创新成果享誉海内外。

1.中央相关部门协同推进

2022年4月，中宣部牵头起草了《落实〈关于推进实施国家文化数字化战略的意见〉的实施方案（征求意见稿）》，并征求了中央文化体制改革和发展工作领导小组各成员单位和国家文物局

的意见，拟以中央文改领导小组文件印发。

——中央网信办积极推动把深入实施国家文化数字化战略、建设国家文化大数据体系，纳入数字中国建设整体布局规划，并写入中共中央、国务院文件。

——国家发改委把建设国家文化大数据体系列为国家"十四五"102项工程项目。国家发改委在《产业结构调整指导目录（2024年本）》中，把国家文化专网及国家文化大数据体系建设列为鼓励类。

——2022年12月，财政部印发《中央支持地方公共文化服务体系建设补助资金管理办法》，明确补助资金可用于搭建公共数字文化服务平台，加强资源建设、数据传输、线上活动、宣传培训推广等，提升公共文化服务数字化水平，推进国家文化大数据体系、全国智慧图书馆体系、公共文化云建设。2021年至2023年度，财政部在编制中央文化企业国有资本经营预算通知中，把支持中央文化企业落实国家文化数字化战略要求，参与国家文化大数据体系建设作为重点方向，支持力度逐年加大，2021年在中央财政大幅压缩各项支出的背景下，安排5000万元资金支持3家中央文化企业参与国家文化大数据体系建设，2022年和2023年安排资金分别为7500万元和1亿元。

——科技部将文化数字化共性关键技术纳入国家重点研发计划，"文化资源大数据服务技术集成与典型应用"列为首批"揭榜挂帅"项目，安排5000万元国拨经费，围绕国家文化大数据体系建设工作，解决文化基础资源数据体系化加工技术等关键实际问题。

——文旅部在"十四五"文化和旅游发展规划和"十四五"公共文化服务体系建设规划中，明确将相关文化大数据资源纳入国家文化大数据体系建设；国家广电总局在广播电视和网络视听

"十四五"发展规划中，明确有效发挥全国有线电视网络设施和广电 5G 网络在国家文化专网、国家文化大数据体系建设中的重要作用；中宣部、国家发改委、国家文物局等 9 部门印发的《关于推进博物馆改革发展的指导意见》，明确要求推进博物馆大数据体系建设，主动对接国家文化大数据体系建设。

——中办、国办印发的《关于推进新时代古籍工作的意见》明确，积极对接国家文化大数据体系，加强古籍数据流通和协同管理，实现古籍数字化资源汇聚共享。

——国家电影局、国家发改委、自然资源部、生态环境部、住房城乡建设部、国家广播电视总局六部门联合印发的《关于促进影视基地规范健康发展的意见》提出，充分利用国家文化大数据体系建设成果，切实提高影视特效制作水平。

——商务部等 27 部门发布的《关于推进对外文化贸易高质量发展的意见》提出，大力发展数字文化贸易，推进实施国家文化数字化战略，建设国家文化大数据体系，发挥国内大市场和丰富文化资源优势，加强数字文化内容建设。

——国家数据局联合 16 个部门印发《"数据要素 ×"三年行动计划（2024—2026 年）》提出，挖掘文化数据价值，贯通各类文化机构数据中心，关联形成中华文化数据库，鼓励依托市场化机制开发文化大模型。

2.地方党委政府积极响应

两办《意见》印发不足半个月，全国三分之二省份做出积极响应，约一半省份的党政一把手亲自部署。吉林省委书记批示，要吃透精神，有所作为，有所突破，形成规模效益；广西壮族自治区党委书记指示要谋划大项目，安排经费，抓出实效；河北省委书记和省长要求 20 天内拿出落实方案。山东省委常委、宣传部部长收到文件的当天，就主持专题会议谋划推进落实举措。

截至目前，全国共计25个省（区、市）印发贯彻落实两办《意见》的实施方案或行动计划，包括华北地区的北京、河北、山西、内蒙古，东北地区的辽宁、吉林，华东地区的上海、江苏、浙江、安徽、福建、江西、山东，华中地区的河南、湖南，华南地区的广西、海南，西南地区的四川、贵州、云南、西藏，西北地区的陕西、甘肃、宁夏、新疆。

多省陆续组建文化大数据公司。2022年4月，安徽省文化大数据有限责任公司成立，注册资本5000万人民币；2022年12月，华中文化大数据科技（武汉）有限公司成立，注册资本3000万人民币；2023年5月，四川省文化大数据有限责任公司揭牌，注册资本2亿元人民币。

3.行业内外对标对表联动

两办《意见》在行业引起了正面反响，反应最为迅速的是公共文化机构，文化馆、图书馆、博物馆、档案馆、资料馆等行业领军人物纷纷表态，并提出落实路径。

——文化和旅游部全国公共文化发展中心主任表态：各级文化馆要明确自身定位，全面融入国家文化数字化战略，推动全民艺术普及资源总库纳入中华文化数据库、公共文化云接入国家文化专网。

——国家图书馆馆长提出，要抓住推进实施国家文化数字化战略的时代机遇，以建设全国智慧图书馆体系为契机，积极应用现代智能技术，进一步加强对各类典籍文化资源数据的深度挖掘与增值开发，全面融入国家文化大数据体系，助力中华文化全景呈现。

——南京博物院理事长、名誉院长提出，在推进实施国家文化数字化战略的大背景下，博物馆更应该重视数字文化产品的广泛传播作用，把它作为博物馆展览展示展演的有效补充和吸引公

众的重要手段，充分重视新征程中博物馆服务公众美好生活的需要。

——中国人民大学原常务副校长在一次演讲中指出，两办发布文件点名众多文化机构参与，档案馆却遗憾地缺席，档案作为重要文化资源的性质没能体现。档案资源的独特价值在当前仍是被低估的，需要我们用积极主动地参与来改变这种局面。

——中国电影资料馆保存有2.78万部自上个世纪初以来的中国影片，馆党委书记、馆长表示，积极投身国家文化数字化战略，积极探索民族数字影像基因库研发，以数字赋能中国优秀电影文化更好构筑中国精神、中国价值、中国力量。

在数字化方面走在前列的行业，对照两办《意见》也找到了新的发展方向。

——中国新闻出版研究院院长指出，我国出版业的数字化起步较早，数字化、标准化、碎片化工作已经取得了很大进展，在出版领域具有一定规模的数据库已经不少，实现了物理分布的目标，但这些出版数据库离逻辑关联、全面共享的要求还很远，出版的大数据体系远未形成，因此有必要按照《意见》的要求，对现有各类出版数据库进行再造与提升，进而形成出版领域的关联数据库——出版物数字资源总库。

——湖南第一师范学院专家指出，国家文化数字化战略总体来说包含五个重要支点，即文化新基建、文化大数据、文化数据资产化、文化体验新场景和文化数据安全。五个战略支点为加强和改进我国数字出版提供了新机遇，也提出了更高要求。两者互为关联，互为影响，互相促进，将合力撬动数字出版迈入高质量发展轨道。

——北京师范大学艺术与传媒学院教授提出，中国电影开启了在传统业态背景下的新升级，正大踏步迈入数字化发展和转型的新征程。数字技术赋能电影产业需要依托政策支撑，其中"国家文化数字化战略"的提出，为中国电影数字化的发展道路起到了举旗定调的作用，为电影数字化指明了方向。

两办《意见》在宣传文化系统外也产生了一定影响，特别得到了电信运营商和互联网企业的良性互动。

——中国移动立足自身数字技术优势，积极落实国家文化数字化战略，为文化数字化朝着更高质量、更高效率、更高智能方向发展，贡献着移动智慧、移动方案和移动力量。

——中国联通探索和实践文化产业与5G、超高清视频、云转播等新技术深度融合，将国家顶级、优质的舞台艺术通过科技力量向更广泛的人民群众传播，以科技创新服务国家文化数字化战略。

——哔哩哔哩董事长兼首席执行官在《人民日报》发文提出，面向未来，我们必须顺应趋势推进文化数字化发展，加快发展新型文化业态，以数字技术赋能文化建设，推出更多增强人民精神力量的优秀作品，让文化数字化成果惠及更多人。

二、实施国家文化数字化战略的"四梁八柱"已建成、加快推进的基础条件已具备

依照两办《意见》明确的主要目标，"十四五"时期重点是打牢文化数字化的"底座"，即到2025年，基本建成文化数字化基础设施和服务平台。

1.已建成国家文化大数据体系11个省域中心和6个区域中心

实施国家文化数字化战略，必须夯实文化数字化基础设施。两办《意见》明确，依托现有有线电视网络设施、广电5G网络和互联互通平台，部署提供标识编码注册登记和解析服务的技术系统，完善结算支付功能，形成国家文化专网以及国家文化大数据

体系的省域中心和区域中心，服务文化资源数据的存储、传输、交易和文化数字内容分发。

目前，江苏、广西、贵州、云南、河北、辽宁、甘肃、四川、宁夏、湖南、湖北等11个省级广电网络公司，已完成文化数据服务中心技术系统部署工作，能够承担国家文化大数据体系省域中心职能。

此外，由江苏广电网络承建的华东区域中心、河北广电网络承建的华北区域中心、贵州广电网络承建的西南区域中心、湖北广电网络承建的华中区域中心、广西广电网络承建的东盟区域中心以及云南广电网络承建的南亚区域中心，也已完成技术系统部署，具备区域中心的服务能力。

2.研发出国家文化大数据一体化机柜

为使文化机构快速接入国家文化专网，江苏广电网络公司联合华为公司研发了国家文化大数据一体化机柜。一体化机柜是一个缩小版的模块化机房，它包含了通用机房需要具备的UPS电源、蓄电池、温控系统、消防系统、全封闭的冷热通道等，方便文化机构在不具备专业机房的条件下，拥有属于自己的数据中心。一体化机柜还配置了鲲鹏服务器、光传输、交换机、虚拟化系统以及部署底层关联服务引擎和应用软件。一体化机柜具有部署简捷的特点，一体化集成，模块即插即用免改造，运维简单，自带消防，多网点可远程统一管理，故障响应提速75%。

3.全国文化大数据交易中心已上线运行

去年8月，经中央文改领导小组批准，由深圳文化产权交易所承建的全国文化大数据交易中心上线试运行，国家图书馆出版社、中国数字文化集团等国有文化企业率先进场，已有百万数据进行委托交易，在文化数据资产化方面迈出坚实一步。

今年年初，江苏省文化产权交易所依照国家文化大数据标准，组织开发了文化大数据交易平台系统，目前已完成内部测试。正式上线运营后，将成为全省文化机构开设"数据超市"、开展文化数据交易的平台，激活文化资源数据，推动文化数据要素有序流转。

4.设立国家文化大数据标识注册中心

不同于互联网的域名解析，文化数字化采用的是标识解析。标识解析体系依托我国提案创建的关联标识符国际标准，即ISLI（International Standard Link Identifier）进行技术架构，一是在文化机构数据中心部署底层关联服务引擎和应用软件，按照物理分布、逻辑关联原则，汇集文物、古籍、美术、地方戏曲剧种、民族民间文艺、农耕文明遗址等数据资源，开展红色基因库建设，贯通已建或在建文化专题数据库；二是在广电网络公司机房部署提供标识编码注册登记和解析服务的技术系统。

2022年8月，ISLI国际注册机构授权专委会设立ISLI区域/行业注册机构，即国家文化大数据标识注册中心，承担中国文化行业或产业国家文化大数据体系领域的ISLI注册管理业务。为规范国家文化大数据标识解析服务，保护用户合法权益，保障国家意识形态安全和文化安全，推动国家文化大数据体系建设，专委会制定了《国家文化大数据标识注册管理办法（试行）》。

5.推动标识解析与区块链等技术融合创新

为落实两办《意见》提出的"推动标识解析与区块链、大数据等技术融合创新，为文化资源数据和文化数字内容的确权、评估、匹配、交易、分发等提供专业服务"，北京市委宣传部（北京市版权局）与专委会建立战略合作伙伴关系，设立可信版权链国家文化大数据超级节点，对接国家文化大数据标识注册中心，共建文化大数据领域数字版权标识标准，为国家文化大数据体系提供可信数字版权。

可信版权链作为北京市委宣传部（北京市版权局）主导的版权产业数字基础设施，历经6年建设完成。目前，已在全国建立由行业超级节点、城市节点和业务节点组成的可信版权链节点网络66个，示范项目超过200个，上链数字版权证书超过400万份。可信版权链平台成为国家文化大数据平台共建伙伴，承担国家文化大数据体系数字版权登记确权工作，是国家文化大数据体系独家合作的数字版权区块链平台；国家文化大数据平台成为可信版权链平台共建伙伴，承担文化大数据领域超级节点建设和运营工作，为可信版权链提供文化大数据资源，是可信版权链独家合作的文化大数据平台。

6.制订并发布33项国家文化大数据团体标准

专委会联合北京邮电大学、国家文化科技创新服务联盟等单位，积极组织60余家成员单位启动了国家文化大数据团体标准的编制工作。整个编制过程严格遵循国家相关工作的要求，充分调研国内、国际行业发展状况，展开多轮专项研讨，逐步形成了清晰明朗、比较完整的标准框架。截至目前，已发布33项国家文化大数据团体标准，有效整合现有技术和产业资源，明确了产业生态构成，规划了市场空间，规范了文化大数据技术和服务。

2023年9月，全国信息技术标准化技术委员会公布大数据标准工作组第五届专题组组长名单，文化大数据行业组组长由专委会标准化中心主任担任，专委会副主任兼秘书长为联合组长。大数据标准工作组于2014年12月成立，致力于制定和完善我国大数据领域标准体系，主要负责制定和完善我国大数据领域标准体系，组织开展大数据相关技术和标准的研究，申报国家、行业标准，承担国家、行业标准制修订计划任务，宣传、推广标准实施，组织推动国际标准化活动。

7.已为24家红色纪念馆部署底层关联服务引擎和应用软件

依托信息与文献相关国际标准，在文化机构数据中心部署底层关联服务引擎和应用软件，按照物理分布、逻辑关联原则，汇集全国性文化资源普查数据，开展红色基因库建设，贯通已建或在建文化专题数据库，这是两办《意见》明确的一项重点任务。2020年，中宣部启动了红色基因库建设工作，以中宣部公布的全国爱国主义教育示范基地为目标对象，按照国家文化大数据统一标准要求，分批次将各示范基地的陈列品、纪念碑（塔）、出版物、音视频等红色资源进行高精度数据采集、专业化标注和关联，导入国家文化大数据体系底层关联集成系统，通过本省（区、市）有线电视网络实现全国联网。红色基因库建设已开展三批共计78家红色纪念馆参加，其中已有24家部署了底层关联服务引擎和应用软件。

8.已有11家文化机构成为国家文化大数据标识基地

为落实两办《意见》"统筹利用文化领域已建或在建数字化工程和数据库所形成的成果，全面梳理中华文化资源，推动文化资源科学分类和规范标识"的要求，今年3月，专委会启动了国家文化大数据标识基地建设工作。国家文化大数据标识基地建的办公场所要达到一定面积，并接入国家文化专网，能够为入驻机构提供驻地网服务；具备数据存储安全设施，并部署底层关联服务引擎和应用软件，为入驻机构开展数据标注提供基础服务；成为国家文化大数据标识注册中心的派出机构，部署提供标识编码注册登记和解析服务的注册系统，为入驻机构提供赋码服务。中国数字文化集团有限公司、中央新闻纪录电影制片厂（集团）、国家图书馆出版社、长春出版传媒集团有限责任公司、中国广电宁夏网络有限公司、苏州文化数字化运营管理有限公司、雅昌文化（集团）有限公司、北京世纪超星信息技术发展有限责任公司、重庆永川大数据产业园开发管理有限公司、深圳国夏文化数字科技

有限公司、成都九天星空科技有限公司等11家机构已成为国家文化大数据标识基地，行业分布于文化、艺术、电影、出版、广电网络、文化投资等细分行业。

三、打牢中华民族现代文明的数字化基础，急需形成全战线发动、体系化布局、大兵团作战的格局

实施国家文化数字化战略涉及面广、技术性强、建设周期长，是一项极具挑战性的工作。受新冠疫情等因素影响，在推进落实过程中存在发动不充分、发力不强劲、发展不平衡等问题，急需中央层面建立统一的领导体制和工作机制，统一指挥、统一调度、统一行动。

1.建立高效统一的指挥中心

两办《意见》强调要加强组织领导，明确要成立由中宣部牵头，中央网信办、国家发改委、教育部、科技部、财政部、人力资源社会保障部、文化和旅游部、中国人民银行、广电总局、国家文物局等部门参加的推进实施国家文化数字化战略工作领导小组，领导小组具体工作由中宣部承担。中央网信办、文化和旅游部、广电总局、国家文物局等部门和各省、自治区、直辖市以及各文化机构建立健全相应的领导体制和工作机制。

2.加大多层次培训力度

实施国家文化数字化战略需要大批专业人才，加强嫁接性培训特别急迫，即从现有岗位选拔一批骨干，经过短期培训走上新的岗位。今年文旅部加大了系统培训力度，依托干部学院、骨干企业承担培训任务。

学习借鉴相关社会组织的做法和经验，经报请中宣部批准，专委会承办了"文化数字化建设千名骨干人才培训班"，计划用三年左右的时间，为推进实施国家文化数字化战略培训千名骨干人

才，选择优秀学员推荐参加文化名家暨"四个一批"文化数字化人才选拔。目前，已举办两期培训班，100多名学员结业。

2018年党和国家机构改革之后，新闻出版、电影等职能划入宣传部门，党委宣传部门不但承担统一指挥的重任，而且承担越来越多的行业管理职能，其管辖的行业融入国家文化数字化战略的状况，具有很大的示范引领作用，加大行业管理人员和一线操作人员的培训力度，也非常急迫。

3.将事关全局的重点项目纳入政府管理的投资项目

2022年5月，国家发改委批准中国广电（宁夏·中卫）数据中心（一期）项目为数据中心绿色节能示范项目，获得中央预算内专项补助资金2.94亿元，对推进实施国家文化数字化战略发挥了非常好的示范作用。国家发改委在《产业结构调整指导目录（2024年本）》中，已把国家文化专网及国家文化大数据体系建设列为鼓励类，建议把广电网络公司承担的省域中心和区域中心建设以及全国文化大数据交易体系技术系统建设，纳入中央预算内资金专项补助范围。

4.组建由政府资金引导的文化大数据产业投资基金

两办《意见》明确，充分调动市场力量，发挥中国文化产业投资基金作用，引导社会资本积极、有序参与文化数字化建设。实施国家文化数字化战略可以形成一条很长的产业链和价值链，对社会资本具有较大的吸引力。建议由若干省级文化投资公司联合发起、中国文化产业投资基金参与的专业化产业投资基金，集中投资于文化大数据产业的上下游企业或项目，推动两办《意见》落地落实。

附录2

文化数字化相关文件辑

中共中央　国务院
印发《数字中国建设整体布局规划》

　　新华社北京2月27日电　近日，中共中央、国务院印发了《数字中国建设整体布局规划》（以下简称《规划》），并发出通知，要求各地区各部门结合实际认真贯彻落实。

　　《规划》指出，建设数字中国是数字时代推进中国式现代化的重要引擎，是构筑国家竞争新优势的有力支撑。加快数字中国建设，对全面建设社会主义现代化国家、全面推进中华民族伟大复兴具有重要意义和深远影响。

　　《规划》强调，要坚持以习近平新时代中国特色社会主义思想特别是习近平总书记关于网络强国的重要思想为指导，深入贯彻党的二十大精神，坚持稳中求进工作总基调，完整、准确、全面贯彻新发展理念，加快构建新发展格局，着力推动高质量发展，统筹发展和安全，强化系统观念和底线思维，加强整体布局，按照夯实基础、赋能全局、强化能力、优化环境的战略路径，全面提升数字中国建设的整体性、系统性、协同性，促进数字经济和实体经济深度融合，以数字化驱动生产生活和治理方式变革，为以中国式现代化全面推进中华民族伟大复兴注入强大动力。

《规划》提出，到2025年，基本形成横向打通、纵向贯通、协调有力的一体化推进格局，数字中国建设取得重要进展。数字基础设施高效联通，数据资源规模和质量加快提升，数据要素价值有效释放，数字经济发展质量效益大幅增强，政务数字化智能化水平明显提升，数字文化建设跃上新台阶，数字社会精准化普惠化便捷化取得显著成效，数字生态文明建设取得积极进展，数字技术创新实现重大突破，应用创新全球领先，数字安全保障能力全面提升，数字治理体系更加完善，数字领域国际合作打开新局面。到2035年，数字化发展水平进入世界前列，数字中国建设取得重大成就。数字中国建设体系化布局更加科学完备，经济、政治、文化、社会、生态文明建设各领域数字化发展更加协调充分，有力支撑全面建设社会主义现代化国家。

《规划》明确，数字中国建设按照"2522"的整体框架进行布局，即夯实数字基础设施和数据资源体系"两大基础"，推进数字技术与经济、政治、文化、社会、生态文明建设"五位一体"深度融合，强化数字技术创新体系和数字安全屏障"两大能力"，优化数字化发展国内国际"两个环境"。

《规划》指出，要夯实数字中国建设基础。一是打通数字基础设施大动脉。加快5G网络与千兆光网协同建设，深入推进IPv6规模部署和应用，推进移动物联网全面发展，大力推进北斗规模应用。系统优化算力基础设施布局，促进东西部算力高效互补和协同联动，引导通用数据中心、超算中心、智能计算中心、边缘数据中心等合理梯次布局。整体提升应用基础设施水平，加强传统基础设施数字化、智能化改造。二是畅通数据资源大循环。构建国家数据管理体制机制，健全各级数据统筹管理机构。推动公共数据汇聚利用，建设公共卫生、科技、教育等重要领域国家数据

资源库。释放商业数据价值潜能，加快建立数据产权制度，开展数据资产计价研究，建立数据要素按价值贡献参与分配机制。

《规划》指出，要全面赋能经济社会发展。一是做强做优做大数字经济。培育壮大数字经济核心产业，研究制定推动数字产业高质量发展的措施，打造具有国际竞争力的数字产业集群。推动数字技术和实体经济深度融合，在农业、工业、金融、教育、医疗、交通、能源等重点领域，加快数字技术创新应用。支持数字企业发展壮大，健全大中小企业融通创新工作机制，发挥"绿灯"投资案例引导作用，推动平台企业规范健康发展。二是发展高效协同的数字政务。加快制度规则创新，完善与数字政务建设相适应的规章制度。强化数字化能力建设，促进信息系统网络互联互通、数据按需共享、业务高效协同。提升数字化服务水平，加快推进"一件事一次办"，推进线上线下融合，加强和规范政务移动互联网应用程序管理。三是打造自信繁荣的数字文化。大力发展网络文化，加强优质网络文化产品供给，引导各类平台和广大网民创作生产积极健康、向上向善的网络文化产品。推进文化数字化发展，深入实施国家文化数字化战略，建设国家文化大数据体系，形成中华文化数据库。提升数字文化服务能力，打造若干综合性数字文化展示平台，加快发展新型文化企业、文化业态、文化消费模式。四是构建普惠便捷的数字社会。促进数字公共服务普惠化，大力实施国家教育数字化战略行动，完善国家智慧教育平台，发展数字健康，规范互联网诊疗和互联网医院发展。推进数字社会治理精准化，深入实施数字乡村发展行动，以数字化赋能乡村产业发展、乡村建设和乡村治理。普及数字生活智能化，打造智慧便民生活圈、新型数字消费业态、面向未来的智能化沉浸式服务体验。五是建设绿色智慧的数字生态文明。推动生态环境智慧治理，加快构建智慧高效的生态环境信息化体系，运用数字技术推动山水林田湖草沙一体化保护和系统治理，完善自然资源三维立体"一张图"和国土空间基础信息平台，构建以数字孪生流域为核心的智慧水利体系。加快数字化绿色化协同转型。倡导绿色智慧生活方式。

《规划》指出，要强化数字中国关键能力。一是构筑自立自强的数字技术创新体系。健全社会主义市场经济条件下关键核心技术攻关新型举国体制，加强企业主导的产学研深度融合。强化企业科技创新主体地位，发挥科技型骨干企业引领支撑作用。加强知识产权保护，健全知识产权转化收益分配机制。二是筑牢可信可控的数字安全屏障。切实维护网络安全，完善网络安全法律法规和政策体系。增强数据安全保障能力，建立数据分类分级保护基础制度，健全网络数据监测预警和应急处置工作体系。

《规划》指出，要优化数字化发展环境。一是建设公平规范的数字治理生态。完善法律法规体系，加强立法统筹协调，研究制定数字领域立法规划，及时按程序调整不适应数字化发展的法律制度。构建技术标准体系，编制数字化标准工作指南，加快制定修订各行业数字化转型、产业交叉融合发展等应用标准。提升治理水平，健全网络综合治理体系，提升全方位多维度综合治理能力，构建科学、高效、有序的管网治网格局。净化网络空间，深入开展网络生态治理工作，推进"清朗""净网"系列专项行动，创新推进网络文明建设。二是构建开放共赢的数字领域国际合作格局。统筹谋划数字领域国际合作，建立多层面协同、多平台支撑、多主体参与的数字领域国际交流合作体系，高质量共建"数字丝绸之路"，积极发展"丝路电商"。拓展数字领域国际合作空间，积极参与联合国、世界贸易组织、二十国集团、亚太经合组织、金砖国家、上合组织等多边框架下的数字领域合作平台，高质量搭建数字领域开放合作新平台，积极参与数据跨境流动等相

关国际规则构建。

《规划》强调，要加强整体谋划、统筹推进，把各项任务落到实处。一是加强组织领导。坚持和加强党对数字中国建设的全面领导，在党中央集中统一领导下，中央网络安全和信息化委员会加强对数字中国建设的统筹协调、整体推进、督促落实。充分发挥地方党委网络安全和信息化委员会作用，健全议事协调机制，将数字化发展摆在本地区工作重要位置，切实落实责任。各有关部门按照职责分工，完善政策措施，强化资源整合和力量协同，形成工作合力。二是健全体制机制。建立健全数字中国建设统筹协调机制，及时研究解决数字化发展重大问题，推动跨部门协同和上下联动，抓好重大任务和重大工程的督促落实。开展数字中国发展监测评估。将数字中国建设工作情况作为对有关党政领导干部考核评价的参考。三是保障资金投入。创新资金扶持方式，加强对各类资金的统筹引导。发挥国家产融合作平台等作用，引导金融资源支持数字化发展。鼓励引导资本规范参与数字中国建设，构建社会资本有效参与的投融资体系。四是强化人才支撑。增强领导干部和公务员数字思维、数字认知、数字技能。统筹布局一批数字领域学科专业点，培养创新型、应用型、复合型人才。构建覆盖全民、城乡融合的数字素养与技能发展培育体系。五是营造良好氛围。推动高等学校、研究机构、企业等共同参与数字中国建设，建立一批数字中国研究基地。统筹开展数字中国建设综合试点工作，综合集成推进改革试验。办好数字中国建设峰会等重大活动，举办数字领域高规格国内国际系列赛事，推动数字化理念深入人心，营造全社会共同关注、积极参与数字中国建设的良好氛围。

（来源：中国政府网 https://www.gov.cn/，2023-02-27）

中共中央办公厅　国务院办公厅印发
《关于推进实施国家文化数字化战略的意见》

新华社北京5月22日电　近日，中共中央办公厅、国务院办公厅印发了《关于推进实施国家文化数字化战略的意见》（以下简称《意见》），并发出通知，要求各地区各部门结合实际认真贯彻落实。

《意见》明确，到"十四五"时期末，基本建成文化数字化基础设施和服务平台，形成线上线下融合互动、立体覆盖的文化服务供给体系。到2035年，建成物理分布、逻辑关联、快速链接、高效搜索、全面共享、重点集成的国家文化大数据体系，中华文化全景呈现，中华文化数字化成果全民共享。

《意见》提出了8项重点任务。一是统筹利用文化领域已建或在建数字化工程和数据库所形成的成果，关联形成中华文化数据库。二是夯实文化数字化基础设施，依托现有有线电视网络设施、广电5G网络和互联互通平台，形成国家文化专网。三是鼓励多元主体依托国家文化专网，共同搭建文化数据服务平台。四是鼓励和支持各类文化机构接入国家文化专网，利用文化数据服务平台，

探索数字化转型升级的有效途径。五是发展数字化文化消费新场景，大力发展线上线下一体化、在线在场相结合的数字化文化新体验。六是统筹推进国家文化大数据体系、全国智慧图书馆体系和公共文化云建设，增强公共文化数字内容的供给能力，提升公共文化服务数字化水平。七是加快文化产业数字化布局，在文化数据采集、加工、交易、分发、呈现等领域，培育一批新型文化企业，引领文化产业数字化建设方向。八是构建文化数字化治理体系，完善文化市场综合执法体制，强化文化数据要素市场交易监管。

《意见》要求，在数据采集加工、交易分发、传输存储及数据治理等环节，制定文化数据安全标准，强化中华文化数据库数据入库标准，构建完善的文化数据安全监管体系，完善文化资源数据和文化数字内容的产权保护措施。加快文化数字化建设标准研究制定，健全文化资源数据分享动力机制，研究制定扶持文化数字化建设的产业政策，落实和完善财政支持政策，在文化数字化建设领域布局国家技术创新中心、全国重点实验室等国家科技创新基地，支持符合科创属性的数字化文化企业在科创板上市融资，推进文化数字化相关学科专业建设，用好产教融合平台。

《意见》强调，各地要把推进实施国家文化数字化战略列入重要议事日程，因地制宜制定具体实施方案，相关部门要细化政策措施。各地区各有关部门要加强对《意见》实施情况的跟踪分析和协调指导，注重效果评估。

（来源：中国政府网 https://www.gov.cn/，2022-05-22）

中共中央办公厅 国务院办公厅
印发《"十四五"文化发展规划》

新华社北京8月16日电 近日，中共中央办公厅、国务院办公厅印发了《"十四五"文化发展规划》，并发出通知，要求各地区各部门结合实际认真贯彻落实。

《"十四五"文化发展规划》主要内容如下。

文化是国家和民族之魂，也是国家治理之魂。没有社会主义文化繁荣发展，就没有社会主义现代化。为在新的历史起点上进一步推动社会主义文化繁荣兴盛，建设社会主义文化强国，根据《中华人民共和国国民经济和社会发展第十四个五年规划和2035年远景目标纲要》，编制本规划。

一、规划背景

"十三五"时期，在以习近平同志为核心的党中央坚强领导下，《国家"十三五"时期文化发展改革规划纲要》确定的各项任务顺利完成，根据形势需要新确定的重点项目和创新性举措扎实推进，我国文化建设在正本清源、守正创新中取得历史性成就、

发生历史性变革，为新时代坚持和发展中国特色社会主义、开创党和国家事业全新局面提供了强大正能量。党对宣传思想文化工作的领导全面加强，凝聚起全面建成小康社会、实现中华民族伟大复兴的磅礴力量。党的理论创新全面推进，习近平新时代中国特色社会主义思想深刻地改变着中国、影响着世界。社会主义核心价值观和中华优秀传统文化广泛弘扬，主流舆论不断巩固壮大，网络空间日益清朗，全国各族人民精神面貌更加奋发昂扬。文艺创作持续繁荣，公共文化服务水平不断提高，文化事业和文化产业繁荣发展，人民参与感、获得感、幸福感显著提升。和平发展的负责任大国形象进一步彰显，国家文化软实力和中华文化影响力大幅提升，中华文明新发展为人类文明进步贡献了新增量。我们比历史上任何时期都更加坚定文化自信，更有信心更有能力铸就中华文化新辉煌。

"十四五"时期是我国在全面建成小康社会基础上开启全面建设社会主义现代化国家新征程的第一个五年，也是推进社会主义文化强国建设、创造光耀时代光耀世界的中华文化的关键时期。进入新发展阶段，统筹推进"五位一体"总体布局、协调推进"四个全面"战略布局，文化是重要内容，必须把文化建设放在全局工作的突出位置，更加自觉地用文化引领风尚、教育人民、服务社会、推动发展。贯彻新发展理念，构建新发展格局，推动高质量发展，文化是重要支点，必须进一步发展壮大文化产业，强化文化赋能，充分发挥文化在激活发展动能、提升发展品质、促进经济结构优化升级中的作用。顺应我国社会主要矛盾的历史性变化，满足人民日益增长的美好生活需要，促进人的全面发展，文化是重要因素，必须深化文化体制改革，扩大优质文化供给，让人民享有更加充实、更为丰富、更高质量的精神文化生活。迎接新一轮科技革命浪潮，推动发展质量变革、效率变革、动力变革，文化是重要领域，必须加快推进文化和科技深度融合，更好地以先进适用技术建设社会主义先进文化，重塑文化生产传播方式，抢占文化创新发展的制高点。实现中华民族伟大复兴，战胜前进道路上各种风险挑战，文化是重要力量源泉，必须高扬思想旗帜、强化价值引领、激发奋斗精神，建设中华民族共有精神家园，推进文化铸魂，增强全民族的凝聚力、向心力、创造力。应对世界百年未有之大变局和新冠肺炎疫情全球大流行交织影响，在错综复杂国际环境中化解新矛盾、迎接新挑战、形成新优势，文化是重要软实力，必须增强战略定力、讲好中国故事，为推动构建人类命运共同体提供持久而深厚的精神动力。走好新的赶考之路，进行伟大斗争、建设伟大工程、推进伟大事业、实现伟大梦想，我们要更加坚定文化自信，自觉肩负起新的文化使命，在实践创造中进行文化创造，在历史进步中实现文化进步，为全面建设社会主义现代化国家提供思想保证、舆论支持、精神动力和文化条件。

二、总体要求

（一）指导思想

高举中国特色社会主义伟大旗帜，坚持以马克思列宁主义、毛泽东思想、邓小平理论、"三个代表"重要思想、科学发展观、习近平新时代中国特色社会主义思想为指导，全面贯彻习近平总书记关于宣传思想工作的重要思想，坚持把马克思主义基本原理同中国具体实际相结合、同中华优秀传统文化相结合，围绕新时代中国特色社会主义事业总体布局和战略布局，围绕立足新发展阶段、贯彻新发展理念、构建新发展格局，聚焦举旗帜、聚民心、育新人、兴文化、展形象的使命任务，以社会主义核心价值观为引领，以推动文化高质量发展为主题，以深化文化领域供给侧结

构性改革为主线，以文化改革创新为根本动力，以满足人民日益增长的精神文化生活需要为根本目的，坚持稳中求进、守正创新，着力坚持和完善繁荣发展社会主义先进文化的制度，着力巩固马克思主义在意识形态领域的指导地位、巩固全党全国人民团结奋斗的共同思想基础，着力建设具有强大凝聚力和引领力的社会主义意识形态、具有强大生命力和创造力的社会主义精神文明、具有强大感召力和影响力的中华文化软实力，不断铸就中华文化新辉煌，为建成社会主义文化强国奠定坚实基础。

（二）工作原则

——坚持党的全面领导。坚持和完善党领导文化发展的体制机制，贯彻落实党管宣传、党管意识形态、党管媒体原则，把党的领导落实到宣传思想文化工作方方面面，为实现文化高质量发展提供根本保证。

——坚持人民至上。以人民为中心，尊重人民主体地位，保障人民文化权益，把宣传、教育、引导和服务群众结合起来，鼓励人民参与文化创新创造、依法参与国家文化治理，做到文化发展为了人民、依靠人民、成果由人民共享，促进满足人民文化需求和增强人民精神力量相统一。

——坚持新发展理念。把新发展理念贯穿文化发展全过程和各领域，优化文化发展生态，转变文化发展方式，重构文化发展格局，实现更高质量、更有效率、更加公平、更可持续、更为安全的发展。

——坚持固本培元、守正创新。坚持中国特色社会主义文化发展道路，坚持社会主义核心价值体系，坚定不移深化文化体制改革，有序推进文化对外开放，增强文化发展动力，激发文化发展活力，发展社会主义先进文化，继承革命文化，传承和弘扬中华优秀传统文化。

——坚持把社会效益放在首位、社会效益和经济效益相统一。把握社会主义市场经济条件下文化建设的特点和规律，正确处理文化的意识形态属性和产业属性、社会效益和经济效益之间的关系，推动有效市场和有为政府更好结合，彰显和壮大主流价值、主流舆论、主流文化。

——坚持统筹兼顾、全面推进。牢固树立系统观念，统筹发展和安全，统筹理论与舆论、文化与文明、内宣与外宣、网上与网下，统筹国内与国际、事业与产业、国有与民营、阵地与市场，促进系统集成、协同高效，实现文化发展质量、结构、规模、速度、效益、安全相统一。

（三）目标任务

——全党全社会的思想自觉和理论自信进一步增强，习近平新时代中国特色社会主义思想绽放出更加绚丽的真理光芒，人民在精神上更加主动，新时代中国发展进步的精神动力更加充沛。

——社会文明程度得到新提高，社会主义核心价值观深入人心，中华民族的家国情怀更加深厚、凝聚力进一步增强，人民思想道德素质、科学文化素质和身心健康素质明显提高。

——文化事业和文化产业更加繁荣，公共文化服务体系、文化产业体系、全媒体传播体系和文化遗产保护传承利用体系更加健全，文化创新创造活力显著提升，文化和旅游深度融合，城乡区域文化发展更加均衡协调，人民精神文化生活日益丰富。

——中华文化影响力进一步提升，中外文化交流和文明对话更加深入，中国形象更加可信、可爱、可敬，推动构建人类命运共同体的人文基础更加坚实。

——中国特色社会主义文化制度更加完善，文化法律法规体系和政策体系更加健全，文化治理效能进一步提升。

八、提高公共文化服务覆盖面和实效性

推进城乡公共文化服务体系一体建设，推动公共文化数字化建设，创新实施文化惠民工程，提升基本公共文化服务标准化均等化水平，更好保障人民基本文化权益。

（一）完善公共文化设施网络

优化公共文化资源配置，加强各级各类公共文化设施建设，打造新型城乡公共文化空间。统筹推进基层公共文化资源整合，提高基层综合性文化服务中心使用效益，推进基层公共文化机构运行与县级融媒体中心建设、新时代文明实践中心建设相衔接。开展公共文化机构和旅游服务中心功能融合试点。统筹不同地域、层级、属性、类型博物馆发展。加强文化馆、图书馆总分馆制建设。持续做好公共图书馆、文化馆（站）、美术馆、博物馆等公共文化场馆免费开放。探索建立全国市县广播电视节目公共服务平台。加强广播电视传输覆盖网络建设，完善应急广播电视网络体系。在人口密集的乡镇建设影院，创新农村公益电影发行放映管理机制和模式。鼓励地方与有条件的学校共建剧院、音乐厅、美术馆等场馆。发展档案事业。创新公共文化管理机制和服务方式，推进文化惠民工程互联互通、一体化发展。深入推进政府购买服务，推动公共文化服务社会化发展、专业化运营。

（二）提升公共文化数字化水平

加强规划引导和政策指导，打通各层级公共文化数字平台，打造公共文化数字资源库群，建设国家文化大数据体系。统筹推进公共文化数字化重点工程建设，把服务城乡基层特别是农村作为着力点，不断缩小城乡之间的数字鸿沟。建设智慧图书馆体系和国家公共文化云，建设智慧博物馆，打造智慧广电、电影数字节目管理等信息数字化服务平台。积极发展云展览、云阅读、云视听、云体验，促进供需在"云端""指尖"对接。推进农家书屋数字化建设，建立智能化管理体系。

专栏14　国家文化大数据体系建设

中华文化数据库建设：依托现有工作基础，汇集文化资源数据。

文化大数据中心建设：依托全国有线电视网络设施、广电5G网络和互联互通平台，形成国家文化专网，完善全国性公共文化服务网络。

文化大数据开发利用：鼓励文化企事业单位运用先进适用的数字化技术，建设数字化文化生产线，基于文化大数据推出新的文化产品和服务。

文化体验体系建设：面向电视机大屏和移动终端小屏，以及文化馆等公共文化设施和学校、旅游景区、购物中心等公共场所，大力发展线上线下、在线在场文化体验。

（三）补齐公共文化服务短板

落实国家基本公共服务标准要求，加强基层文化建设，增加供给总量，优化供给结构，推动优质公共文化资源向农村地区、革命老区、民族地区、边疆地区倾斜，缩小城乡和地区之间公共文化服务差距，推动巩固拓展脱贫攻坚成果同乡村振兴有效衔接。加强民族地区公共文化建设，扶持民族地区新闻出版事业发展，加强少数民族语影视译制，加强民族地区广播电视传输覆盖保障及涉农等节目制作译制传播。推动直播卫星电视频道高清化进程。加强"三区三州"市级广播电视播出机构融合发展能力建设。培育和发展农村院线，促进新片大片进入农村市场。丰富老年人、进城务工人员、农村留守妇女儿童、残疾人的公共文化供给，保障特殊群体的基本文化权益。

（四）广泛开展群众文化活动

健全支持开展群众性文化活动机制，加大对基层的扶持引导力度，培育一批扎根基层的群众文艺团队。开展全民艺术普及，深化"结对子、种文化"，拓展群众文化参与度。发挥"群星奖"等群众文艺评奖导向作用，推动群众文艺精品创作。发挥基层文

联、作协、群艺馆、文化馆（站）的积极作用，扶持引导业余文艺社团、民营剧团、演出队、老年大学及青少年文艺群体、社区和企业文艺骨干等广泛开展创作活动，展示群众文艺创作优秀成果。加强群众文化活动品牌建设，开展"我们的中国梦"——文化进万家活动，办好农民丰收节、农民文化艺术节、农民歌会、农民剧团演出、广场舞、"村晚"、"快闪"、"心连心"演出、大众歌咏、书画摄影创作等活动。

九、推动文化产业高质量发展

把扩大内需与深化供给侧结构性改革结合起来，完善产业规划和政策，强化创新驱动，实施数字化战略，推进产业基础高级化、产业链现代化，促进文化产业持续健康发展。

（一）加快文化产业数字化布局

以国家文化大数据体系建设为抓手，坚持统一设计、长期规划、分步实施，统筹文化资源存量和增量的数字化，以物理分布、逻辑关联、快速链接、高效搜索、全面共享、重点集成为目标聚集文化数字资源，推动文化企事业单位基于文化大数据不断推出新产品新服务，提升文化产品和服务的质量水平。

（二）健全现代文化产业体系

推进国有文化企业转型升级，优化资源配置和布局结构，打造知名文化品牌和企业集团。鼓励、支持、引导非公有资本依法进入文化产业，保护民营文化企业产权和企业家权益。积极支持中小微文化企业发展，鼓励走专精特新发展路子。加快发展数字出版、数字影视、数字演播、数字艺术、数字印刷、数字创意、数字动漫、数字娱乐、高新视频等新型文化业态，改造提升传统文化业态，促进结构调整和优化升级。推动文化与旅游、体育、教育、信息、建筑、制造等融合发展，延伸产业链。建设国家文化产业发展项目库、全国广播电视和网络视听产业公共服务平台。

（三）建设高标准文化市场体系

加快构建统一开放、高效规范、竞争有序的文化市场。健全文化市场体系基础制度，完善文化企业坚持正确导向履行社会责任制度。落实统一的市场准入负面清单制度，清理破除文化市场准入隐性壁垒。健全文化要素市场运行机制，促进劳动力、资本、技术、数据等合理流动。加快推进符合文化产业发展需求和文化企业特点的金融产品与服务创新。进一步扩大文化企业股权融资和债券融资规模，支持文化企业上市融资和再融资。探索文化金融服务中心模式，为文化企业提供综合性金融服务。全面促进文化消费，加快发展新型文化消费模式，发展夜间经济。加强文化市场信用体系建设，提升文化市场服务质量，强化文化市场管理和综合执法。

（四）推动科技赋能文化产业

把先进科技作为文化产业发展的战略支撑，建立健全文化科技融合创新体系。围绕产业链部署创新链，围绕创新链布局产业链，建立健全文化产业技术标准和服务标准，参与国际标准制定。推进产学研相结合，注重原始创新、集成创新，加强制约文化产业发展的共性关键技术研发，在影院放映、影视摄录、电影特效、高清制播、舞台演艺、智能印刷等高端文化装备技术领域攻克瓶颈技术。实施出版融合发展、电影制作提升、印刷智能制造、大视听产业链建设等工程项目，引导和鼓励文化企业运用大数据、5G、云计算、人工智能、区块链、超高清等新技术，改造提升产业链，促进内容生产和传播手段现代化，重塑文化发展模式。

（来源：中国政府网 https://www.gov.cn/，2022-08-16）

中共中央办公厅　国务院办公厅
印发《关于推进新时代古籍工作的意见》

新华社北京4月11日电　近日，中共中央办公厅、国务院办公厅印发了《关于推进新时代古籍工作的意见》，并发出通知，要求各地区各部门结合实际认真贯彻落实。

《关于推进新时代古籍工作的意见》全文如下。

做好古籍工作，把祖国宝贵的文化遗产保护好、传承好、发展好，对赓续中华文脉、弘扬民族精神、增强国家文化软实力、建设社会主义文化强国具有重要意义。党的十八大以来，以习近平同志为核心的党中央站在实现中华民族伟大复兴的战略高度，对传承和弘扬中华优秀传统文化作出一系列重大决策部署，古籍事业迎来新的发展机遇。为深入推进新时代古籍工作，现提出如下意见。

一、总体要求

1.指导思想。以习近平新时代中国特色社会主义思想为指导，深入贯彻党的十九大和十九届历次全会精神，坚持中国特色社会主义文化发展道路，把马克思主义基本原理同中国具体实际相结合、同中华优秀传统文化相结合，深入推进中华优秀传统文化创造性转化、创新性发展，加强古籍抢救保护、整理研究和出版利用，促进古籍事业发展，为实现中华民族伟大复兴提供精神力量。

2.工作原则。坚持和加强党的全面领导，健全党委领导、部门分工负责、社会协同推进的工作体制机制，把党的领导贯彻到古籍工作的全过程、各方面。坚持正确方向，以社会主义核心价值观为引领，把中华优秀传统文化的精神标识和具有当代价值、世界意义的文化精髓提炼出来、展示出来。坚持统筹布局，加强顶层设计和规划部署，确保古籍工作协调衔接、一体推进。坚持社会效益优先，提高古籍工作质量，始终把社会效益放在首位，实现社会效益和经济效益相统一。坚持守正创新，古为今用、推陈出新，服务当代、面向未来，进一步激发古籍事业发展活力。

3.主要目标。古籍工作体制机制更加完善，标准规范体系基本健全，工作水平有效提升，古籍保护传承、开发利用成效显著，人才队伍发展壮大，古籍工作在传承和弘扬中华优秀传统文化中的地位更为凸显、作用更加突出，古籍事业繁荣发展。

二、完善古籍工作体系

4.加强古籍工作领导体制建设。全国古籍整理出版规划领导小组履行全国古籍工作统筹协调职责，负责制定实施国家古籍工作中长期规划，统筹抢救保护、整理研究、编辑出版以及古籍数字化、古籍普及推广、古籍人才培养等工作，推进古籍重大项目，组织古籍工作督查考评。健全全国古籍整理出版规划领导小组工作机制，加强古籍专项工作议事协调，更好发挥全国古籍整理出版规划领导小组办公室职能作用。各地要结合实际完善古籍工作体制机制，加强省级古籍工作的统一领导和组织协调。

5.强化古籍工作部门职责。各有关部门要高度重视古籍工作，切实履行古籍工作职责。中央宣传部发挥在全国古籍工作中的牵头作用，发挥国家版本馆在中华古籍版本传承发展工作中的重要作用。文化和旅游部、教育部、国家民委以及相关专业古籍出版单位承担其职责范围内的古籍保护、整理研究、编辑出版等工作，发挥古籍工作主阵地作用。文物、中医药、宗教、法律、农业、林草、水利、社会科学、科学技术、档案、方志、古地图等工作主管部门加强本领域古籍工作。根据地域分布、资源特色、专业优势，加强全国范围内古籍存藏保护、整理研究、编辑出版的优化布局和组织协调。加强省级古籍保护中心、少数民族古籍整理研究部门等古籍工作专业机构建设。

6.汇聚古籍行业发展合力。统筹事业和产业两种形态、公益和市场两种资源、国有和民营两种力量、国内和国外两个市场，推动形成古籍行业发展新局面。把握古籍事业发展规律，加强古籍工作各环节衔接配合，促进抢救保护、整理研究、出版利用共同发展。加强有关行业协会、学术团体和智库建设，鼓励社会各界积极参与古籍事业，营造全社会共同关心支持古籍工作的良好氛围。

三、提升古籍工作质量

7.提高古籍保护水平。持续推进中华版本传世工程和中华古籍保护计划，深入开展古籍普查，加强基础信息采集，完善书目数据，编纂总目提要，摸清国内外中华古籍资源和保存状况。加强古籍存藏基础设施建设，改善保存条件，做好异地、异质灾备保护，确保古籍资源安全。加大珍贵古籍保护力度，开展国家、省级珍贵古籍和古籍重点保护单位评选工作，对入选的古籍和单位实施动态管理。制定古籍类文物定级标准，国有古籍存藏单位按照有关规定完成古籍类文物定级建档工作，加强古籍类文物保护。提升古籍修复能力，加强濒危古籍抢救性修复。加强国家版本馆古籍版本资源建设，做好散落失管古籍的征集保藏。推动少数民族文字古籍文献的抢救保护。强化古籍保护基础性研究，发挥科技保护支撑作用，推动古籍保护关键技术突破和修复设备研发。

8.提升古籍整理研究和编辑出版能力。根据不同类型古籍的具体情况，有针对性地做好整理研究和编辑出版，防止低水平重复。加强传世文献系统性整理出版，推进基础古籍深度整理出版，加快出土文献整理研究成果出版利用。推进古籍文献通代断代集成性整理出版，推动少数民族文字古籍文献整理研究和译介出版。深化古籍整理基础理论研究，总结在长期实践中形成的古籍整理理论和方法，完善我国古籍整理研究和出版范式，构建古籍整理出版理论研究体系。

9.加强古籍工作科学化规范化管理。编制实施国家古籍工作中长期规划，建立健全多层次规划体系，做好古籍分类分级保护和分类分层次整理出版。完善古籍项目立项、成果出版的同行推荐和专家评审制度，加强对古籍工作专项经费和有关文化、科研、出版基金资助古籍项目的统筹协调，健全古籍项目绩效评估制度。加强古籍工作标准体系建设，制定修订相关国家标准，完善古籍保护、修复、整理、出版、数字化等工作规范，健全古籍公共服务、出版物、网络服务等质量检查制度。

四、加快古籍资源转化利用

10.挖掘古籍时代价值。将古籍工作融入国家发展大局，注重国家重大战略实施中的古籍保护传承和转化利用。系统整理蕴含中华优秀传统文化核心思想理念、中华传统美德、中华人文精神

的古籍文献，为治国理政提供有益借鉴。围绕铸牢中华民族共同体意识，深入整理反映各民族交往交流交融历史的古籍文献，挖掘弘扬蕴含其中的民族团结进步思想，引导各族群众树立正确的中华民族历史观。深度整理研究古代科技典籍，传承科学文化，服务科技创新。梳理挖掘古典医籍精华，推动中医药传承创新发展，增进人民健康福祉。传承中华农耕文明优秀成果，服务乡村振兴。

11.促进古籍有效利用。统筹好古籍文物属性与文献属性的关系，各级各类古籍存藏机构在加强古籍保护的基础上，提升利用效率。完善古籍资源便捷使用机制，鼓励古籍存藏机构向社会公众提供古籍资源服务，提高古籍资源开放共享水平，激发古籍保护利用工作活力。加强古籍保护和整理出版成果的整合利用，建设中国古籍版本目录知识系统，着力构建古籍知识服务体系。

12.推进古籍数字化。建立健全国家古籍数字化工作指导协调机制，统筹实施国家古籍数字化工程。积极对接国家文化大数据体系，加强古籍数据流通和协同管理，实现古籍数字化资源汇聚共享。支持古籍数字化重点单位做强做优，加强古籍数字化资源管理和开放共享。统筹古籍数字化版本资源建设与服务，推进古籍专业数据库开发与利用。积极开展古籍文本结构化、知识体系化、利用智能化的研究和实践，加速推动古籍整理利用转型升级。

13.做好古籍普及传播。加大古籍宣传推广力度，多渠道、多媒介、立体化做好古籍大众化传播。持续推进古籍进校园工作，将中华优秀传统文化教育贯穿国民教育始终。提高古籍普及出版质量，做好经典古籍精选精注精译精评。积极倡导古籍阅读，开展经典古籍优秀版本推荐。加强古籍题材音视频节目制作推介，提供优质融媒体服务。支持各级各类古籍存藏机构和整理出版单位开展古籍专题展览展示，鼓励古籍文创产品开发推广。加强古籍工作对外交流合作，充分利用海外文化平台开展古籍对外宣传推广活动，加大展示展销力度，推动古籍图书对外版权输出，做好中华优秀典籍翻译出版工作。

五、强化古籍工作保障

14.加强组织领导。各级党委和政府要充分认识推进新时代古籍工作的重要意义，将古籍工作纳入经济社会发展规划，加强组织领导和工作部署。各级党委宣传部门要加强统筹指导，整合资源力量，形成工作合力。各有关部门和单位要按照职责分工，细化目标任务，采取有力措施抓好工作落实。

15.推进古籍学科专业建设。进一步优化我国古籍相关学科专业布局，加强课程体系建设，完善涵盖古籍保护、整理研究、编辑出版和数字化的古籍相关学科专业体系。深化古籍学科理论构建，编写专业教材，强化实践教学，鼓励在文史哲、中医药等相关学科专业教学中增加古文献相关教学内容，鼓励有条件的院校设立民文古籍与汉文古籍兼修的古文献相关学科专业。加强学科交叉融合，推动古籍学科与材料技术、信息技术、人工智能等领域学科融合发展。

16.强化人才队伍建设。加强古籍存藏保护、整理研究和出版专业机构建设，扩大古籍保护修复人才规模，加强古籍整理研究机构力量，健全少数民族古文字人才传承机制，建设少数民族文字古籍专业人才学术交流平台，加强古籍专业出版队伍建设。完善用人机制，保障古籍工作相关人员工作待遇。强化古籍人才培训，实施古籍人才培训计划，设立全国古籍人才培训库，建设古籍人才培训基地和古籍整理研学一体的培训平台。健全评价机制，科学评价古籍工作质量，完善古籍工作成果评价办法，加强古籍优秀成果评选推荐工作。职称评定、评奖推优、科研成果认定、

效益评估等政策要向古籍工作人员倾斜，对主要承担古籍工作的国有文化企业加大社会效益考核占比，对国有文化企事业单位主要承担古籍重点项目的业务部门可不考核经济效益。

17.完善法治保障。在制定修订文化、教育、科技、卫生、语言文字、出版等领域相关法律法规时，注意体现繁荣发展古籍事业相关内容。鼓励有条件的地方出台加强古籍工作的地方性法规。加强对相关法律法规实施情况的监督检查，加大对古籍工作领域合法权益的保护力度。

18.加强财税政策支持。中央和地方财政结合实际予以重点支持，将古籍工作相关经费纳入年度预算。统筹利用现有资金渠道，完善投入机制，调整优化支出结构。继续落实好支持古籍事业相关税收优惠政策。支持和引导公民、法人和其他组织以捐赠、资助、依法设立基金会等形式参与古籍保护传承。

（来源：中国政府网 https://www.gov.cn/，2022-04-11）

中华人民共和国国家发展和改革委员会令第7号（《产业结构调整指导目录（2024年本）》）

《产业结构调整指导目录（2024年本）》已经2023年12月1日第6次委务会议审议通过，现予公布，自2024年2月1日起施行。《产业结构调整指导目录（2019年本）》同时废止。

主任：郑栅洁

2023年12月27日

产业结构调整指导目录（2024年本）（节选）

产业是经济发展的关键所在，是一个国家的立国之本。推动产业结构调整是建设现代化产业体系、增强产业核心竞争力、促进产业迈向全球价值链中高端的重要举措。党的十八大以来，我国产业发展取得了举世瞩目的成就，综合实力、创新力和竞争力迈上新台阶，形成了规模优势、体系优势和部分领域领先优势，有力支撑了国家经济社会建设和我国大国地位。当今，世界正经

历百年未有之大变局，新一轮科技革命和产业变革深入发展，全球产业链供应链格局面临深刻调整，我国产业发展进入战略机遇和风险挑战并存、不确定难预料因素增多的时期。为深入贯彻党的二十大精神，落实中央财经委第一次会议部署，适应产业发展新形势新任务新要求，加快建设现代化产业体系，根据《国务院关于发布实施〈促进产业结构调整暂行规定〉的决定》（国发〔2005〕40号），国家发展改革委牵头会同相关部门共同修订形成《产业结构调整指导目录（2024年本）》（以下简称《目录（2024年本）》）。

《目录（2024年本）》由鼓励、限制和淘汰三类目录组成。鼓励类主要是对经济社会发展有重要促进作用的技术、装备及产品；限制类主要是工艺技术落后，不符合行业准入条件和有关规定，不利于安全生产，不利于实现碳达峰碳中和目标，需要督促改造和禁止新建的生产能力、工艺技术、装备及产品；淘汰类主要是不符合有关法律法规规定，严重浪费资源、污染环境，安全生产隐患严重，阻碍实现碳达峰碳中和目标，需要淘汰的落后工艺技术、装备及产品。鼓励类、限制类和淘汰类之外的，且符合国家有关法律、法规和政策规定的属于允许类。

《目录（2024年本）》坚持以习近平新时代中国特色社会主义思想为指导，深入贯彻落实党的二十大精神，坚持把发展经济的着力点放在实体经济上，推进新型工业化，加快建设制造强国、质量强国、航天强国、交通强国、网络强国、数字中国，加快构建具有智能化、绿色化、融合化特征和符合完整性、先进性、安全性要求的现代化产业体系。政策导向是：

一是推动制造业高端化、智能化、绿色化。持续增强制造业核心竞争力，推动质量提升和品牌建设，不断引领产业向中高端跃升。以智能制造为主攻方向推动产业技术变革和优化升级，加快推广应用智能制造新技术，推动制造业产业模式转变。鼓励绿色技术创新和绿色环保产业发展，推进重点领域节能降碳和绿色转型，坚决遏制高耗能、高排放、低水平项目盲目发展。二是巩固优势产业领先地位。加快传统产业改造提升，提高先进产能比例，有效扩大优质供给。依法依规化解过剩产能、淘汰落后产能。大力发展壮大战略性新兴产业，加快发展数字经济，前瞻布局未来产业，构建产业发展新引擎。扎实推进农业现代化，巩固和提高粮食、重要农产品生产能力，强化农业科技和装备支撑。加快发展物联网，建设高效顺畅的流通体系。优化基础设施布局、结构、功能和系统集成，构建现代化基础设施体系。三是在关系安全发展的领域加快补齐短板。加快实现高水平科技自立自强，以国家战略需求为导向，积聚力量进行原创性引领性科技攻关，坚决打赢关键核心技术攻坚战。加快推进产业基础再造和重大技术装备攻关，提升战略性资源供应保障能力。加强重点领域安全能力建设，增强产业体系抗冲击能力，确保粮食、能源资源、重要产业链供应链安全，守住不发生系统性风险底线。四是构建优质高效的服务业新体系。推动现代服务业同先进制造业、现代农业深度融合，培育新业态新模式新路径。推动生产性服务业向专业化和价值链高端延伸，加快发展研发设计、现代物流、法律服务等服务业，加快推进服务业数字化。推动生活性服务业向高品质和多样化升级，加快发展健康、养老、托育、文化、旅游、体育、家政等服务业，加强公益性、基础性服务业供给。推进服务业标准化、品牌化建设。

请有关部门加强协调配合，加快制订和修订财税、信贷、土地、进出口、市场监管等相关政策，进一步完善促进产业结构调整的政策体系。各省、自治区、直辖市人民政府要结合本地区产业发展实际，制订具体措施，合理引导投资方向，鼓励和支持发

展先进生产能力，依法依规限制和淘汰落后生产能力，防止盲目投资和低水平重复建设，切实推进产业结构优化升级。

第一类 鼓励类

鼓励类主要是对经济社会发展有重要促进作用，有利于关键技术创新，实现高水平自立自强；有利于产业跨区域转移，促进区域协调发展；有利于自然资源节约集约利用和产业绿色低碳转型，助力碳达峰碳中和；有利于普惠性、基础性、兜底性民生建设和服务业发展，促进共同富裕的技术、装备和产品。对改造后能效达到最新版《工业重点领域能效标杆水平和基准水平》中标杆水平的项目，参照鼓励类管理。

鼓励类目录聚焦基础性、战略性、前瞻性关键领域，重点鼓励市场机制难以有效发挥、需要政府发挥引导作用、对行业发展具有重要指导作用的事项；对市场机制能够有效发挥、对国计民生影响不大、对行业发展作用有限、发展水平不再先进的事项，不再列入鼓励类。

对鼓励类投资项目，按照国家有关投资管理规定进行审批、核准或备案；鼓励金融机构按照市场化原则提供信贷支持。对鼓励类投资项目的其他优惠政策，按照国家有关规定执行。

三十八、文化

1.公共文化、文化艺术、新闻出版、电影、广播电视、网络视听，文化遗产保护利用及设施建设，文物保护装备开发与应用，文化遗产保护利用装备开发和应用

2.文化创意产品开发，数字文化创意（含数字文化创意技术设备、数字文化创意软件、数字文化创意内容制作、新型媒体服务、数字文化创意内容应用服务、沉浸式体验），数字音乐、手机

媒体、网络出版等数字内容服务，动漫创作、制作、传播、出版、衍生产品开发

3.电影、广播电视和网络视听制作、发行、交易、播映、出版、衍生品开发、版权保护、监管及相关技术开发应用，互动视频、VR视频、沉浸式视频等高新视频开发和应用，超高清、云转播开发应用，高新视听产业基地（园区）建设4.新闻出版内容监管技术、版权保护技术、出版物生产技术、出版物发行技术开发与应用，电子纸、阅读器等新闻出版新载体的技术开发、应用和产业化

5.电影数字化服务和监管技术开发及应用6.非物质文化遗产保护：民族和民间艺术、传统工艺美术和手工艺保护与发展，历史文化名城（镇、村）和历史文化街区、中国传统村落、中国少数民族特色村寨保护，中华老字号的保护与发展，民族文化艺术精品的国际营销与推广7.智慧博物馆建设，传统媒体和新兴媒体融合发展，出版融合发展，智慧广电建设，移动多媒体广播电视，广播电视数字化，有线无线卫星广播电视网智能协同覆盖，全国有线电视网络智能化建设和互联互通平台建设，国家文化专网及国家文化大数据体系建设

8.演艺业

（来源：中国政府网 https://www.gov.cn/，2023-12-27）

关于印发《中央支持地方公共文化服务体系建设补助资金管理办法》的通知
（财教〔2022〕270号）

中央宣传部，文化和旅游部、广电总局、体育总局、文物局，各省、自治区、直辖市、计划单列市财政厅（局），新疆生产建设兵团财政局：

为进一步规范中央支持地方公共文化服务体系建设补助资金的管理，提高财政资金使用效益，根据国家有关法律法规和财政管理规定，我们对《财政部关于印发〈中央补助地方公共文化服务体系建设专项资金管理暂行办法〉的通知》（财教〔2015〕527号）进行了修订。现将修订后的资金管理办法印发给你们，请遵照执行。

财政部

2022年12月29日

中央支持地方公共文化服务体系建设补助资金管理办法

第一章 总 则

第一条 为规范和加强中央支持地方公共文化服务体系建设补助资金（以下简称补助资金）管理，提高资金使用效益，根据《中华人民共和国预算法》《中华人民共和国公共文化服务保障法》《中华人民共和国预算法实施条例》等法律法规和国家预算管理有关规定，结合公共文化服务体系建设工作实际，制定本办法。

第二条 补助资金由中央财政设立，用于支持和引导地方落实国家基本公共文化服务标准和地方基本公共文化服务实施标准，促进基本公共文化服务均等化，提升公共文化服务水平，保障群众基本文化权益。

补助资金的年度预算根据国家公共文化发展有关规划、年度工作计划以及国家财力情况核定。各级财政应按照公共文化领域中央与地方财政事权和支出责任划分改革方案，落实支出责任，保障本行政区域公共文化服务经费。

第三条 补助资金管理和使用坚持中央引导、地方统筹、突出重点、健全标准、分工负责、加强监督、注重绩效的原则。补助资金重点向革命老区、民族地区、边疆地区、农村地区倾斜。

第四条 补助资金由财政部会同中央宣传部、文化和旅游部、广电总局、体育总局、文物局等部门（以下统称中央有关主管部门），按职责分工共同管理。

中央有关主管部门负责测算基础数据，对数据的真实性、准确性、及时性负责，负责审核申报文件和提出补助资金分配建议

方案，监督指导补助资金的使用和绩效管理。

财政部根据预算管理相关规定，会同中央有关主管部门研究确定各省（自治区、直辖市、计划单列市、新疆生产建设兵团，以下统称省）补助资金预算、绩效目标，对资金使用情况进行监督，指导开展全过程绩效管理。

省级财政部门会同有关主管部门负责明确省级及省以下相关部门在项目申报、数据审核、预算安排、资金使用、绩效管理等方面的职责分工，切实加强资金管理，提高使用效益，对申报资料的真实性、完整性、合规性负责。

第五条　补助资金政策实施期限为5年，具体为2023-2027年。政策实施期限到期前，财政部将会同中央有关主管部门进行评估，根据评估结果确定是否延续以及延续实施的期限。

资金管理和使用严格执行国家有关法律法规、财务规章制度和本办法的规定，并接受财政部门的监督以及审计、有关主管部门的监督检查。

第二章　补助资金支出范围

第六条　补助资金用于支持地方提供基本公共文化服务项目、公共文化体育设施维修和设备购置、基层公共文化服务人才队伍建设、其他公共文化项目等。

第七条　基本公共文化服务项目具体支出范围包括读书看报、收听广播、观看电视、观赏电影、送地方戏、公共数字文化服务以及开展文体活动等。

第八条　读书看报服务补助，用于公共图书馆、文化馆、乡镇（街道）综合文化站（中心），以及村（社区）综合文化中心、农家书屋等配备图书、报刊和电子书刊，设置公共阅报栏（屏），总分馆服务系统平台建设及设备购置等。

第九条 收听广播和观看电视服务补助用于以下方面：

（一）县级应急广播体系建设，包括应急广播服务平台建设及设备购置等。

（二）广播电视节目覆盖，包括纳入中央广播电视节目无线覆盖范围的发射机、附属系统购置及运行维护，广播电视直播卫星相关实施方案确定的家庭接收设备购置，民族地区有线高清交互数字电视设备购置等。

（三）融媒体中心建设，包括全媒体传播所需设备购置等。

第十条 观赏电影服务补助用于为农村群众提供数字电影放映服务。

送地方戏服务补助用于开展戏曲进乡村、免费或低票价公益性演出等公共文化服务。

第十一条 公共数字文化服务补助，用于搭建公共数字文化服务平台，加强资源建设、数据传输、线上活动、宣传培训推广等，提升公共文化服务数字化水平，推进国家文化大数据体系、全国智慧图书馆体系、公共文化云建设。

第十二条 开展文体活动补助用于开展群众性文化体育活动、流动文化服务、文化志愿服务活动、全民阅读活动等。

第十三条 公共文化体育设施维修和设备购置包括公共图书馆、美术馆、文化馆、博物馆、纪念馆、剧院（场）、体育场（馆），新时代文明实践中心、乡镇（街道）综合文化站（中心）、村（社区）综合文化中心、农家书屋，广播电视发射（监测）台站、转播台站、卫星地球站、保留事业单位性质的广播电视播出机构、新闻出版单位、文艺院团等的设施维修与设备购置，流动文化服务车辆购置。

第十四条 基层公共文化服务人才队伍建设包括配置村（社区）综合文化中心公益文化岗位，组织乡镇（街道）、村（社区）

文化专兼职人员培训等。

第十五条 其他公共文化项目由中央有关主管部门、财政部确定实施。

第十六条 补助资金不得用于支付各种罚款、捐款、赞助、投资等支出，不得用于编制内在职人员工资性支出和离退休人员离退休费，不得用于偿还债务和基础设施建设，不得用于国家规定禁止列支的其他支出。

地方公共图书馆、美术馆、文化馆、博物馆、纪念馆、乡镇（街道）综合文化站（中心）免费开放运转，以及博物馆、纪念馆陈列布展相关经费，中央财政承担部分通过一般性转移支付体制结算补助安排。

第三章　补助资金分配与管理

第十七条 中央财政根据公共文化工作任务量、补助标准、绩效情况、财力状况等统筹确定对各省补助资金年度预算。

补助资金分为重点项目补助、一般项目补助和奖励资金，具体数额由财政部根据项目申报情况、补助资金年度预算等确定。

第十八条 重点项目补助实行项目法分配，由中央有关主管部门牵头申请并组织实施。

中央有关主管部门根据党中央、国务院部署要求，以及国家公共文化发展有关规划，会同财政部制定重点项目实施方案，明确项目实施期限。根据实施方案、工作任务量、补助标准、绩效情况等编制重点项目总体预算方案，提出分年度分地区预算安排建议、整体绩效目标和区域绩效目标，报财政部审核。

财政部根据财力状况、绩效情况等审核重点项目预算、绩效目标，按预算管理程序下达。

第十九条 一般项目补助实行因素法分配，分配因素包括基本因素、业务因素。基本因素按因素数据、权重分配各省金额，根据中央对地方均衡性转移支付办法规定的财政困难程度系数对基本因素各省分配金额进行调整。业务因素按工作任务量、测算标准分配各省金额。

第二十条 基本因素及权重如下：

（一）常住人口数（权重10%），按统计部门提供的最新数测算。

（二）乡镇（含街道）个数（权重15%），按统计部门提供的最新数测算。

（三）行政村个数（权重15%），按民政部门提供的行政村村委会个数的最新数测算。

（四）公共文化体育服务设施个数（权重15%），按中央有关主管部门提供的文化、广播电视、体育等公共文化设施个数最新数测算。

（五）公共文化体育服务设施面积（权重20%），按中央有关主管部门提供的文化、体育等公共文化设施面积最新数测算。

（六）人均公共文化体育服务次数（权重10%），按中央有关主管部门提供的基层公共文化体育活动参与人次最新数、常住人口数测算。

（七）边疆民族地区情况（权重15%），按民族省区、边疆省区个数测算。

同一因素中涉及多项数据或多个部门提供数据的，因素权重平均分配。

第二十一条 业务因素及测算标准如下：

（一）戏曲公益性演出。按中央有关主管部门提供的年度计划演出场次、补助标准测算。

（二）公共数字文化建设。按中央有关主管部门提供的年度计

划任务量、补助标准测算。

（三）广播电视节目无线覆盖。按中央有关主管部门提供的发射机数量、补助标准测算。

（四）新时代文明实践中心服务。按中央有关主管部门提供的县级及县以下新时代文明实践中心（服务点、服务站）个数、补助标准测算。

（五）公共图书馆、文化馆总分馆建设。按中央有关主管部门提供的总馆、分馆数量和补助标准测算。

第二十二条 一般项目补助计算分配公式如下：

某省一般项目补助额度＝∑（某省基本因素值/全国该项基本因素总值×权重×一般项目基本因素补助总额）×某省财政困难程度系数相关调节系数＋∑（某省业务因素值×测算标准）。

第二十三条 奖励资金用于支持地方提升公共文化服务质量和服务效果，引导促进群众文化消费。

奖励资金由财政部根据各省基本公共文化服务评价结果、国家批准的有关试点示范单位（项目）情况测算分配。

第四章　申报与管理

第二十四条 中央有关主管部门于每年2月底之前，将年度重点项目补助申请、一般项目补助分配因素最新数报财政部。

第二十五条 财政部根据中央有关主管部门申请，综合考虑财力状况、绩效情况和预算管理要求，审核确定中央对地方补助资金分配方案、整体绩效目标和区域绩效目标，于每年全国人民代表大会批准中央预算后三十日内，下达中央对地方补助资金预算；每年10月31日前，提前下达下一年度预计数，并抄送财政部各地监管局。

第二十六条 省级财政部门在收到中央对地方补助资金预算

后，应当及时商有关主管部门，制定资金分配使用方案，确定资金绩效目标，在三十日内下达并抄送有关主管部门、财政部当地监管局。

第二十七条 各级财政、有关主管部门应当按照全面实施预算绩效管理的要求，建立健全预算绩效管理机制，对照绩效目标做好绩效运行监控、绩效评价，强化绩效结果应用，做好绩效信息公开，提高资金配置效率和使用效益。

第二十八条 补助资金按照财政国库管理制度有关规定执行。属于政府采购管理范围的，应当按照政府采购法律制度规定执行。鼓励地方有关部门采取政府购买服务等方式，引导社会力量参与提供公共文化服务。结转结余资金，按照《中华人民共和国预算法》和其他有关结转结余资金管理的相关规定处理。

第二十九条 使用补助资金形成的资产属于国有资产的，应当按照国家国有资产管理有关规定管理，防止国有资产流失。

第三十条 各级财政、有关主管部门及其工作人员在补助资金分配、审核过程中存在违反本办法规定，以及其他滥用职权、玩忽职守、徇私舞弊等违法违规行为的，依法追究相应责任。

第三十一条 申报、使用补助资金的部门、单位及个人在资金申报、使用过程中存在违法违规行为的，依照《中华人民共和国预算法》及其实施条例、《财政违法行为处罚处分条例》等国家有关规定追究相应责任。

第五章 附 则

第三十二条 省级财政部门可根据本办法，结合各地实际，制定具体管理办法，并抄送财政部当地监管局。

第三十三条 本办法自2023年1月1日起施行。《财政部关于印发〈中央补助地方公共文化服务体系建设专项资金管理暂行办

法〉的通知》（财教〔2015〕527号）、《财政部关于〈中央补助地方公共文化服务体系建设专项资金管理暂行办法〉的补充通知》（财文〔2016〕27号）、《财政部关于〈中央补助地方公共文化服务体系建设专项资金管理暂行办法〉的补充通知》（财文〔2018〕134号）同时废止。

（来源：中国政府网 https://www.gov.cn/，2023-12-27）

国务院关于财政文化资金分配和使用情况的报告

——2023年12月26日在第十四届全国人民代表大会常务委员会第七次会议上

财政部部长　蓝佛安

委员长、各位副委员长、秘书长、各位委员：

受国务院委托，现向全国人大常委会报告财政文化资金分配使用和有关政策情况，请予审议。

一、落实党中央决策部署有关情况

文化关乎国本、国运，是一个国家、一个民族的灵魂。文化兴则国运兴、文化强则民族强。近年来，以习近平同志为核心的党中央把文化建设摆在治国理政的突出位置，不断深化对文化建设的规律性认识，推动文化传承发展，社会主义文化强国建设迈出坚实步伐。各地区各有关部门坚持以习近平新时代中国特色社会主义思想为指导，深入学习贯彻习近平文化思想，围绕在新的历史起点上继续推动文化繁荣、建设文化强国、建设中华民族现代文明这一新的文化使命，研究支持文化高质量发展的财税政策，健全财政文化资金管理机制，强化财政文化资金对落实党中央、国务院决策部署的保障能力，不断提升财政文化资金分配和使用

的科学性、有效性和规范性。

（一）按照党中央决策部署正确把握政策目标和支持方向。一是深入学习贯彻习近平文化思想。习近平文化思想是习近平新时代中国特色社会主义思想的重要组成部分，是新时代党领导文化建设实践经验的理论总结，为我们担负新的文化使命提供了根本遵循和行动指南。各级财政部门紧紧围绕贯彻落实习近平总书记重要讲话精神和党中央决策部署，不断完善政策思路和工作措施，着力强化财政文化资金保障。二是积极推动文化领域有关重点工作任务落细落实。对标"十四五"文化发展规划、国家文化数字化战略、深化文化体制改革等要求，认真研究制定财政政策，支持推动中华优秀传统文化传承发展、文化遗产保护、国家文化公园、国家文化大数据体系等重点工程建设。三是及时出台一系列减税降费政策，支持包括文化企业在内的实体经济纾困发展。相继出台实施了深化增值税改革、实施小微企业普惠性减税、降低社会保险费率、清理规范行政事业性收费和政府性基金、减免受疫情影响较大行业税费、减免征收文化事业建设费和国家电影事业发展专项资金等措施。同时，为支持文化事业单位转企改制，减轻企业负担，专门出台了增值税、企业所得税等相关税收优惠政策。

（二）推进公共文化财政事权和支出责任划分改革，依法落实保障责任。按照党中央关于建立权责清晰、财力协调、区域均衡的中央和地方财政关系的要求，国务院办公厅印发《公共文化领域中央与地方财政事权和支出责任划分改革方案》（国办发〔2020〕14号），从基本公共文化服务、文化艺术创作扶持、文化遗产保护传承、文化交流、能力建设等5个方面分别确认了中央财政事权、中央与地方共同财政事权、地方财政事权，以及相应的支出责任。其中，对列入国家基本公共文化服务指导标准的基本公共文化服务，确认为中央与地方共同财政事权，适当增加中央财政支出责任，并向中西部地区倾斜。同时，根据公共文化服务保障法、文物保护法、非物质文化遗产法、公共图书馆法、博物馆条例等文化领域法律法规关于财政保障政策的规定，落实相关预算安排，对免费或优惠开放公共文化设施按规定予以补助，通过政府购买服务及税收优惠等支持社会力量参与公共文化服务。

（三）不断健全促进文化事业和文化产业发展的财税政策制度。一是完善财政文化资金政策体系。充分利用一般公共预算、政府性基金预算、国有资本经营预算等渠道，不断优化支持方向、突出支持重点。陆续出台征收文化事业建设费、国家电影事业发展专项资金、旅游发展基金等政府性基金政策，拓宽财政文化资金来源渠道；实施所得税优惠政策及公益性基金捐赠财政配比政策，鼓励社会力量资助文化等公益事业发展；公布文物领域政府购买服务清单，鼓励社会力量参与文物保护和科技创新；设立中国文化产业投资基金等，引导社会资金加大对文化产业的投入，支持符合国家政策导向的文化产业发展。二是对影响面较广、资金规模较大的文化领域财政资金制定了15个专门管理办法。在修订印发行政单位、事业单位财务规则的基础上，先后修订印发文化、广播电视、文物等事业单位财务制度，全面规范文化领域行政事业单位财务行为，确保资金管理规范、安全、有效。制定《国有文物资源资产管理暂行办法》，促进国有文物资源资产有效保护和合理利用。将文化领域国有资产管理情况纳入国有资产管理情况综合报告，向全国人大常委会报告。

（四）逐步完善符合文化发展规律特点的财政支持方式。国务院有关部门持续深化对文化发展规律特点的认识和把握，逐步完善支持手段和方式。一是关于基本公共文化服务，以政府投入为主，中央财政与地方财政分档按比例承担支出责任，通过重点

项目补助、因素法分配及绩效奖励等方式予以支持。二是关于文化遗产保护利用传承，根据国家文物和非物质文化遗产保护利用总体规划、年度计划，聚焦重点领域和关键环节，区分轻重缓急，通过中央本级项目和中央对地方补助项目予以支持。三是关于繁荣文艺创作，统筹多渠道资金来源，通过国家艺术基金、中国文学艺术发展专项基金等公益性基金，面向全社会开展项目竞争性资助等，支持重大主题创作项目，引领社会主义核心价值观。四是关于文化产业发展，主要根据国家有关重点发展战略，通过国有资本经营预算、文化产业发展专项资金和中国文化产业投资基金等，对重点项目予以适当支持，发挥政策引导作用，调动经营主体的内生发展动力。支持方式以注资为主，直接补助的资金比重逐年下降。

（五）加强财政文化资金预算绩效管理。认真贯彻落实《中共中央 国务院关于全面实施预算绩效管理的意见》，加快构建事前事中事后绩效管理闭环体系，积极推动财政文化资金预算绩效管理提质增效，着力提高财政文化资金配置效率和使用效益。一是进一步加强绩效目标管理。加快推进财政文化资金绩效指标体系建设，按照绩效目标管理办法、中央部门项目支出核心绩效指标设置及取值指引等要求，提高文化领域绩效目标设定质量。将绩效目标审核作为预算审核的重要环节，将国家艺术基金、文物业务工作等重点项目绩效目标报送全国人大审议，并对社会公开，主动接受监督。二是对体现中央文化部门核心职责和重大改革发展需要，以及新出台或到期延续、资金规模较大的项目，如"故宫博物院开放运行保障费""旅游发展基金"等开展绩效评估。做好绩效运行监控，促进绩效目标保质保量实现，推动财政资金聚力增效。三是加强重点项目、重点部门绩效评价，选择文化领域共同财政事权转移支付、专项转移支付和中央部门重点项目开展财政重点绩效评价，开展文化和旅游部部门整体支出绩效评价试点。对财政重点绩效评价得分较低的项目压减预算，统筹用于实施效果较好的重点项目。

二、财政文化资金分配使用及成效

在财力紧张的情况下，各级财政部门加大对各渠道资金的统筹安排使用，优先保障党中央确定的文化领域重大任务需要，依法履行文化领域财政支出责任。2018—2022年，全国文化领域一般公共预算支出19283.3亿元，年均增幅3.3%；安排政府性基金预算支出168.2亿元，国有资本经营预算支出61亿元。文化企业在普惠税收优惠政策基础上，还享受减免征收文化事业建设费、国家电影事业发展专项资金政策。中央广播电视总台、故宫博物院等事业单位，积极筹措自有收入，统筹用于事业发展。

（一）支持健全现代公共文化服务体系。2018—2022年，全国各级财政累计安排相关资金9376.6亿元，其中，中央对地方转移支付1089亿元，持续推进城乡公共文化服务标准化、均等化，目前从国家到村（社区）、覆盖城乡的公共文化服务设施网络基本建成，全国3303个公共图书馆、6565个博物馆、45623个群众文化机构对公众免费开放，2022年举办展览、讲座、演出和文化活动318.4万场，参与16.7亿人次，极大丰富了群众文化生活，基本公共文化服务覆盖面和适用性不断提高。创新实施文化惠民工程，全面实现广播电视"村村通"向"户户通"跨越，2022年底全国广播节目综合人口覆盖率99.65%，电视节目综合人口覆盖率99.75%。推进广播电视高清化发展，在民族地区推广普及有线高清交互数字电视机顶盒，全国高清和超高清电视用户达到1.1亿户。支持实施国家文化数字化战略，加快国家公共文化云、智慧图书馆体系、应急广播体系建设，提高公共文化数字化服务水平。

加大对脱贫地区、民族地区基本公共文化服务支持力度，支持开展"戏曲进乡村"等公益性演出，推进图书馆、文化馆总分馆制建设，推动优质文化资源直达基层乡村。支持打造特色乡村文化品牌，"村超""村晚"等活动持续走红。

（二）支持中华优秀传统文化传承发展。2018—2022年，全国各级财政累计安排相关资金1070亿元，其中，中央对地方转移支付334.1亿元，支持加强世界文化遗产、全国重点文物保护单位和国家级非物质文化遗产代表性项目保护，健全符合文化遗产保护规律的项目实施机制，累计支持各地实施文物保护项目1.1万个、非物质文化遗产保护项目5000余个。在财政资金支持下，5058处全国重点文物保护单位、14万处省级及以下文物保护单位、1557项国家级非物质文化遗产代表性项目、227个濒临失传地方戏曲剧种总体保护状况大幅改善，3057名国家级非物质文化遗产传承人有序开展传承活动。太极拳、中国传统制茶技艺及其相关习俗成功申报人类非物质文化遗产代表作名录，良渚古城遗址、景迈山古茶林文化景观成功申报世界文化遗产。莫高窟、故宫、景德镇御窑遗址等重点文物保护能力持续提升，长城、大运河、长征、黄河、长江等国家文化公园和国家级文化生态保护区建设加速推进。文物活化利用成效显著，《中国考古大会》《中国国宝大会》《非遗里的中国》《三星堆新发现》等节目深受观众喜爱，与文物、非物质文化遗产深度融合的文化创意产品大量涌现，国潮国风成为年轻人新时尚。

（三）支持繁荣社会主义文艺创作。2018—2022年，全国各级财政累计安排相关资金1403.4亿元，其中，中央本级安排国家艺术基金、国家出版基金、中国文学艺术发展专项基金、电影精品专项、电视剧高质量发展专项等146.6亿元，持续完善创作引导激励机制，加强对艺术创作生产特别是现实题材艺术创作生产的引导和扶持，不断培育高水平文化人才，推出更多增强人民精神力量的优秀作品。国家艺术基金累计资助舞台艺术和美术创作、传播交流推广等项目3300个，多部作品获得精神文明建设"五个一工程"奖和文华奖等奖项。国家出版基金累计资助出版优秀公益性出版物3600余种，300余种获得中国出版政府奖等奖项，支持《中国历代绘画大系》《儒藏》等国家重大文化工程顺利实施完成。对中国文学艺术发展专项基金实行财政资金捐赠配比政策，累计安排配比资金0.7亿元，带动社会捐赠2.3亿元。中国作协实施"新时代文学攀登计划""新时代山乡巨变创作计划"，扶持文学领域领军人才，创作推出一批文学精品力作。

（四）支持对外和对港澳台文化交流合作。2018—2022年，全国各级财政累计安排相关资金66.6亿元，其中，中央本级安排37.3亿元，支持深入开展对外和对港澳台文化交流合作，推动中华文化走出去，深化文明交流互鉴。目前，全方位、多层次、宽领域的对外文化交流合作格局已逐步建立。支持配合"一带一路"国际合作高峰论坛、亚洲文明对话大会、北京冬奥会等重大活动，成功举办"相约北京"国际艺术节、"欢乐春节"、"中阿国家广播电视合作论坛"等系列文化活动。支持加快推进海外中国文化中心建设，设立45个海外中国文化中心，与157个国家签订政府间文化和旅游合作协定，文化和旅游年（节）、"美丽中国"等品牌活动影响广泛，亚洲文化遗产保护行动有序推进，塑造了可信、可爱、可敬的中国形象。支持对港澳台文化交流深耕厚植，持续开展"艺海流金""情系中华"等交流活动，不断凝心聚力、增进认同。引导鼓励优秀文化产品参与知名国际文化类节展、赛事，促进广播影视交流和国际出版合作，推动核心文化产品和服务出口快速增长。

（五）支持文化产业发展。2018—2022年，全国各级财政累

计安排相关资金1049.2亿元，用于落实国家文化发展战略，支持国有文化企业深化改革，促进文化产业高质量发展。中央财政通过注资、重点项目补助、设立政府投资基金等方式，推动文化企业改革发展。一是中央国有资本经营预算安排61亿元，用于推动中央文化企业落实国家文化发展战略，加强国家文化大数据体系建设、开展跨地区跨行业跨所有制并购重组、推动融合创新发展，支持中国广电集团和广电股份公司统筹推进全国有线电视网络整合和广电5G一体化发展，完成24家省级有线电视网络公司整合等。二是中央文化产业发展专项资金安排43.4亿元，支持符合政策导向的影视产业项目，支持实施国家影像典藏工程，向中国文化产业投资基金二期注资，以母基金出资参股子基金模式进行市场化运作，通过约定投向支持重点领域文化企业发展。统筹安排现有资金渠道，推动地方加快创建国家文化和旅游消费试点示范城市，推进文化和旅游深度融合发展。

2023年，全国财政文化资金预算安排3933.7亿元，比2022年增加35.8亿元。其中，一般公共预算支出3896.6亿元，比2022年增加30.7亿元，有力保障了重点项目支出。

三、存在的问题和下一步工作措施

总的看，当前财政文化资金分配和使用呈现出总量持续增长、机制逐步健全、效益日益提升、成效不断显现的良好态势。同时，与党中央关于新时代新征程宣传思想文化工作的新要求相比，与满足人民日益增长的美好生活需要相比，与深化预算管理制度改革、强化预算对落实党和国家重大政策的保障能力等要求相比，财政文化资金分配和使用还存在一定差距，在人大、审计、财会等监督过程中也发现仍存在一些问题和不足。主要包括文化领域多元化投入激励机制不够完善，支出结构有待优化，预算管理有待改进，资金使用效益有待提高，文化领域国有企业支撑引领作用有待加强等。针对这些问题和不足，我们高度重视，将指导和推动相关部门和地方切实采取措施，逐步加以解决。

按照党中央决策部署和全国人大有关要求，我们将深入学习贯彻习近平新时代中国特色社会主义思想，认真学习贯彻习近平文化思想，围绕党的二十大关于建设社会主义文化强国、健全现代预算制度等战略部署，充分发挥财政职能作用，加强协调配合，不断完善财政文化资金政策，更好调动各类主体积极性，进一步推动文化强国建设，切实增强国家文化软实力。

（一）全力保障文化领域重点工作。坚决贯彻落实习近平总书记对宣传思想文化工作作出的"七个着力"重要指示，牢牢把握正确的政治方向，切实加强党对宣传思想文化工作的领导，全力保障好重大政策、重要改革和重点项目实施。加大文物和文化遗产保护利用支持力度，建好用好中国国家版本馆、国家文化公园，推动中华优秀传统文化创造性转化和创新性发展。坚持以人民为中心，支持健全现代公共文化服务体系，推动文艺创作从"高原"向"高峰"迈进。推动落实和完善文化经济政策，支持深化文化体制改革，促进文化事业和文化产业繁荣发展。

（二）健全多元化投入激励机制。把握社会主义市场经济条件下文化建设特点和规律，进一步厘清中央与地方、政府与市场、文化事业与文化产业的边界和关系，加强政策协调配合，加大资源统筹力度，保障文化领域重点支出，强化财政资金在基本公共文化服务、文化传承发展和公益性文化事业中的支撑作用，发挥对文化产业发展、社会力量的带动和引导作用。深入推进公共文化领域财政事权和支出责任划分改革，合理划分省以下公共文化领域财政事权和支出责任，推动地方特色文化发展。根据改革进展以及相关条件成熟情况，适时优化调整财政事权事项，健全基

础标准，规范支出责任。研究将适宜由地方更高一级政府承担的基本公共文化服务支出责任上移，避免过多增加基层政府支出压力。

（三）优化财政文化资金支出结构。一是坚持政府主导、社会参与、重心下移、共建共享，推进城乡公共文化服务一体建设，引导优质文化资源更多向欠发达地区、农村地区、革命老区、边疆地区、民族地区倾斜，提高基本公共文化服务覆盖面和适用性，更好保障人民基本文化权益。二是改进国家艺术基金、国家出版基金、国家电影事业发展专项资金、电影精品专项资金等运行机制，调整优化资助内容，加大扶持引导力度，支持深入实施文艺作品质量提升工程、广播电视电影和网络视听高质量发展工程。三是完善文物和非物质文化遗产保护支持机制，落实文物保护法、非物质文化遗产法要求，加大央属文物保护利用投入，推进国家文化公园、国家级重点博物馆建设，加大对县级及以下文物保护单位、非物质文化遗产的支持。四是支持媒体融合发展和国际传播能力建设，加强全媒体传播体系建设，构建中国话语和中国叙事体系。五是支持实施国家文化英才培养工程，加大急需紧缺人才培养力度，培育高层次人才和优秀青年人才，加强文化领域人才队伍建设。六是支持深化文明交流互鉴，加强对外文化交流和多层次文明对话，支持加快海外中国文化中心建设。

（四）创新财政文化资金管理方式。一是加快文化领域项目支出标准体系建设，提高财政资金分配的科学性、有效性、规律性，运用标准指导预算编制。二是加强艺术创作相关基金的资金管理，统筹文物、非物质文化遗产保护和文艺创作相关政策形成合力，坚持守正创新，推动中华优秀传统文化创造性转化和创新性发展。三是健全文化遗产保护项目全生命周期管理，充分发挥文物、非物质文化遗产保护项目库作用，提高预算管理信息化水平，推进预算支出项目常态化储备，做好入库项目分级负责、预算评审、项目排序、信息更新、滚动管理，根据项目实施计划进度合理确定分年支出计划，加快项目预算执行进度。四是支持推进国家文化数字化战略，强化科技赋能，加快新型广电网络建设，鼓励多元主体依托国家文化专网，汇聚文化数据信息，促进文化机构数字化转型升级，推动文化数据资源分享。

（五）提升财政文化资金使用效益。一是支持创新实施文化惠民工程，推动农家书屋和县域图书馆服务体系共建共享，加强广播电视综合覆盖，推动融媒体中心建设提质增效，全面拓展新时代文明实践中心建设，提高基本公共文化服务效能，畅通基层服务"最后一公里"。二是落实全过程预算绩效管理，健全事前绩效评估机制，科学合理设置绩效指标，加强绩效目标管理和绩效评价，将群众需求、服务满意度作为绩效评价的重要内容，将绩效评价结果与预算安排、完善政策、改进管理有机衔接，做到"花钱必问效、无效必问责"。三是加大财会监督力度，开展预算执行常态化监督，建立预警机制，强化全过程、全链条、全方位监管，资金监管"一竿子插到底"。认真落实全国人大审查意见，加强审计等监督结果应用，推动做好审计查出问题、执行监控发现问题等整改工作。

（六）调动各方参与文化建设的积极性。坚持把社会效益放在首位，社会效益和经济效益相统一，支持深化文化体制改革。有效发挥中央和地方文化产业发展专项资金和有关政府投资基金的引导作用，加强相关政策的统筹协调，进一步突出重点，支持实施重大文化产业项目带动战略，推动健全现代文化产业体系和市场体系。支持做强做优做大国有文化企业，完善国有文化资产监管体制，打造一批有强大竞争力的文化企业集团。落实好支持从事新闻出版、广播电视、电影、文化创意和设计服务、动漫等文

化企业财税政策，激发发展活力。在不新增地方政府隐性债务的前提下，通过政府购买服务等多种形式，鼓励社会力量参与基本公共文化服务、文艺创作、文化遗产保护、文化交流等相关项目，吸引社会力量参与文化创意产品开发利用，推动文物活起来，实现创造性转化、创新性发展。

委员长、各位副委员长、秘书长、各位委员：

长期以来，全国人大及其常委会高度重视财政文化工作，给予了大力支持和悉心指导，有力推动了文化事业和文化产业高质量发展。我们将更加紧密地团结在以习近平同志为核心的党中央周围，坚持以习近平新时代中国特色社会主义思想为指导，深入学习贯彻习近平文化思想，深刻领悟"两个确立"的决定性意义，增强"四个意识"、坚定"四个自信"、做到"两个维护"，按照全国人大常委会审议意见，不断完善财政支持政策，加强财政文化资金使用管理，提高工作质量效能，更好满足人民多样化、多层次、多方面的精神文化需求，在建设社会主义文化强国、建设中华民族现代文明的奋斗和实践中展现新气象新作为。

（来源：中国人大网http://www.npc.gov.cn/，2023-12-29）

中央宣传部　国家发展改革委　教育部
科技部　民政部　财政部
人力资源社会保障部　文化和旅游部
国家文物局关于推进博物馆改革发展的
指导意见

党的十八大以来，我国博物馆在场馆建设、文物保护、藏品研究、陈列展览、开放服务、教育传播、国际交流等方面不断取得新进展，日益成为世界博物馆发展的中心和热点。但同时也要看到，博物馆发展不平衡不充分与人民美好生活需要之间的矛盾仍很突出，在发展定位、体系布局、功能发挥、体制机制等方面尚需完善提升。为深化改革，持续推进我国博物馆事业高质量发展，现提出如下意见。

一、总体要求

（一）指导思想。以习近平新时代中国特色社会主义思想为指导，坚持以人民为中心，坚持守正创新，坚持创造性转化和创新性发展，秉承新发展理念，将博物馆事业主动融入国家经济社会发展大局，加强考古成果和历史研究成果的转化与传播，为坚定文化自信、传承中华文明、推动中国特色社会主义文化繁荣发展、满足人民美好生活需要、建设社会主义文化强国、实现"两

个一百年"奋斗目标和中华民族伟大复兴中国梦做出积极贡献。

（二）基本原则

——坚持正确方向。坚持党对博物馆事业的全面领导，牢牢把握意识形态工作主导权，以社会主义核心价值观为引领，突出公益属性和社会效益，更好地构筑中国精神、中国价值、中国力量。

——坚持改革创新。坚持问题导向、目标导向，上下联动、横向联合，鼓励先行先试，推进博物馆发展理念、技术、手段、业态创新，破除体制机制束缚，释放发展活力。

——坚持统筹协调。统筹不同地域、层级、属性、类型博物馆发展，提高博物馆内部管理和外部治理水平。坚持服务大众，提高博物馆公共服务均等化、便捷化、多样化、个性化水平，实现博物馆高品质、差异化发展。

——坚持开放共享。营造开放包容的发展环境，通过区域协同创新、社会参与、跨界合作、互联网传播等方式，促进资源要素有序流动，优化资源配置，多措并举盘活博物馆藏品资源。

（三）总体目标。到2025年，形成布局合理、结构优化、特色鲜明、体制完善、功能完备的博物馆事业发展格局，博物馆发展质量显著提升，在弘扬中华优秀传统文化、革命文化和社会主义先进文化，构建公共文化服务体系、服务人民美好生活，推动经济社会发展、促进人类文明交流互鉴中的作用更加彰显。到2035年，中国特色博物馆制度更加成熟定型，博物馆社会功能更加完善，基本建成世界博物馆强国，为全球博物馆发展贡献中国智慧、中国方案。

二、加强分类指导，优化体系布局

（四）统筹不同地域博物馆发展。配合"一带一路"倡议、京津冀协同发展、长江经济带发展、粤港澳大湾区建设、长三角一体化发展、推进海南全面深化改革开放、黄河流域生态保护和高质量发展等国家重大战略，以及长城、大运河、长征、黄河国家文化公园建设等国家重大文化工程，加强博物馆资源整合与协同创新。探索在文化资源丰厚地区建设"博物馆之城""博物馆小镇"等集群聚落。

（五）整合不同层级博物馆发展。实施中国特色世界一流博物馆创建计划，重点培育10-15家代表中国特色中国风格中国气派、引领行业发展的世界一流博物馆。实施卓越博物馆发展计划，因地制宜支持省级、重要地市级博物馆特色化发展。实施中小博物馆提升计划，加强机制创新，有效盘活基层博物馆资源。实施类博物馆培育计划，鼓励将具有部分博物馆功能、但尚未达到登记备案条件的社会机构，纳入行业指导范畴，做好孵化培育。

（六）协调不同属性博物馆发展。探索建立行业博物馆联合认证、共建共管机制，将高校博物馆、国有企业博物馆等纳入行业管理体系，引导文物系统富余资源在运营管理、充实藏品、保护修复、开放服务等方面支持行业博物馆。规范和扶持并举，加强对非国有博物馆业务帮扶，推动落实土地、税收等优惠政策，指导非国有博物馆健全藏品账目及档案，依法依规推进博物馆法人财产权确权。按照"谁审批、谁监管，谁主管、谁监管"原则，加强对未经备案但以"博物馆"等名义开展活动的机构的管理。

（七）促进不同类型博物馆发展。充分利用现有资源，结合党史、新中国史、改革开放史、社会主义发展史教育，依托社会主义建设重大工程、重大项目、重要事件，推动建设一批反映党和国家建设成就的当代主题博物馆。鼓励依托文物遗址、历史建筑、工业遗产、农业遗产、文化景观和非物质文化遗产等设立博物馆。依法依规支持"一带一路"、黄河、大运河、长城、长江、长征、重大科技工程等专题博物馆（纪念馆）建设发展。重点支持反映

中华文明发展历程的国家级重点专题博物馆建设。丰富自然科学、现当代艺术等博物馆品类，鼓励军队博物馆面向社会开放，倡导社区、生态、乡情村史博物馆等建设。

三、夯实发展基础，提升服务效能

（八）优化征藏体系。树立专业化收藏理念，强化党史、新中国史、改革开放史、社会主义发展史相关藏品征集，注重旧城改造、城乡建设等反映经济社会发展变迁物证的征藏，丰富科技、现当代艺术、非物质文化遗产等专题收藏，鼓励反映世界多元文化的收藏新方向。拓展藏品入藏渠道，健全考古出土文物和执法部门罚没文物移交工作机制，适时开展文物移交专项行动，推动优化国有公益性收藏单位进口藏品免税政策，鼓励公众向博物馆无偿捐赠藏品。

（九）提升保护能力。健全博物馆藏品登录机制，推进藏品档案信息化标准化建设，逐步推广藏品电子标识。实施馆藏珍贵濒危文物、材质脆弱文物保护修复计划。强化预防性保护，加强文物常见多发病害病理研究，提升藏品保存环境监测、微环境控制、分析检测等能力，完善博物馆安消防制度建设和设施配备，鼓励各地因地制宜加强文物中心库房建设。加快推进藏品数字化，完善藏品数据库，加大基础信息开放力度。

（十）强化科技支撑。加强对藏品当代价值、世界意义的挖掘阐发，促进研究成果及时转化为展览、教育资源。大力发展智慧博物馆，以业务需求为核心、以现代科学技术为支撑，逐步实现智慧服务、智慧保护、智慧管理。推动研究型博物馆建设，依法开展博物馆科技成果转化收益分配试点，推动符合条件的博物馆从业人员享受科技创新扶持政策。深化与高等院校、科研院所合作，鼓励建立联合实验室、科研工作站和技术创新联席机制，"博学研"协同开展文物保护利用科学研究与成果示范,将支持博物馆发展的共性关键技术研究纳入各类国家科技计划予以重点支持。

(十一)提高展陈质量。落实中办、国办《关于实施中华优秀传统文化传承发展工程的意见》等要求,深入挖掘展示中华优秀传统文化中跨越时空的思想理念、价值标准、审美风范,以古鉴今、古为今用、启迪后人。全面展示中华文明起源和发展的历史脉络,中华文明取得的灿烂成就,中华文明对人类文明的重大贡献。支持联合办展、巡回展览、流动展览、网上展示,提高藏品展示利用水平。探索独立策展人制度,优化展览策划制作流程,推出更多原创性主题展览。贴近实际、贴近生活、贴近群众,鼓励公开征集选题,推广以需定供的菜单式展览服务。

(十二)发挥教育功能。落实《新时代爱国主义教育实施纲要》《新时代公民道德建设实施纲要》要求,广泛深入开展博物馆里过传统节日、纪念日活动,加强对中华文明的研究阐发、教育普及和传承弘扬,加强爱国主义教育和革命传统教育,培育人民文化生活新风尚。制定博物馆教育服务标准,丰富博物馆教育课程体系,为大中小学生利用博物馆学习提供有力支撑,共建教育项目库,推动各类博物馆数字资源接入国家数字教育资源公共服务体系。支持博物馆参与学生研学实践活动,促使博物馆成为学生研学实践的重要载体。倡导博物馆设立教育专员,提升教育和讲解服务水平,鼓励省级以上博物馆面向公众提供专业研究人员的专家讲解服务。

(十三)优化传播服务。推进博物馆大数据体系建设,主动对接国家文化大数据体系建设,标注、解构和重构藏品蕴含的中华元素和标识,切实融入内容生产、创意设计和城乡建设,充分发挥博物馆在文旅融合发展、促进文化消费中的作用。推动博物馆文化扶贫,增加展览、教育活动进乡村频次。深化博物馆与社

区合作，推动博物馆虚拟展览进入城市公共空间，鼓励有条件的博物馆错峰延时开放，服务十五分钟城市生活圈。加强与融媒体、数字文化企业合作，创新数字文化产品和服务，大力发展博物馆云展览、云教育，构建线上线下相融合的博物馆传播体系。强化观众调查，推广分众传播，优化参观全过程服务。

（十四）增进国际合作。实施中华文明展示工程，深入挖掘中华优秀传统文化精髓，弘扬中华文化蕴含的人类共同价值，打造一批中国故事、国际表达的文物外展品牌。实施世界文明展示工程，通过长期借展、互换展览、多地巡展等方式，共享人类文明发展成果。加强青年策展人培养，造就一批政治过硬、功底扎实、国际接轨的博物馆策展人队伍。支持中国专家学者参加国际博物馆组织，积极参与博物馆国际治理。

四、创新体制机制，释放发展活力

（十五）完善管理体制。推进博物馆法及配套法规体系立法研究，完善博物馆制度，推进博物馆治理体系和治理能力现代化。深化博物馆领域"放管服"改革，探索管办分离，赋予博物馆更大的自主权。分类推进国有博物馆、非国有博物馆理事会制度建设，建立健全权责对等、运转协调的决策执行或监督咨询机制。深化人事制度改革，切实增强博物馆干部人事管理、职称评审、岗位设置自主权。对于部分符合条件的新建博物馆，在不改变藏品权属、确保安全的前提下，经批准可以探索开展国有博物馆资产所有权、藏品归属权、开放运营权分置改革试点，提升博物馆公共服务效能。

（十六）健全激励机制。博物馆开展陈列展览策划、教育项目设计、文创产品研发取得的事业收入、经营收入和其他收入等，按规定纳入本单位预算统一管理，可用于藏品征集、事业发展和对符合规定的人员予以绩效奖励等。合理核定博物馆绩效工资总量，对上述工作取得明显成效的单位可适当增核绩效工资总量，单位内部分配向从事这些工作的人员倾斜。

（十七）鼓励社会参与。发展壮大博物馆之友和志愿者队伍，构建参与广泛、形式多样、管理规范的社会动员机制。推动博物馆公共服务市场化改革，引入竞争机制，鼓励社会力量参与展览、教育和文创开发。实施"博物馆+"战略，促进博物馆与教育、科技、旅游、商业、传媒、设计等跨界融合。

五、优化发展环境，加强改革保障

（十八）加强组织领导。强化部际协作，进一步增强文物主管部门与宣传、发展改革、教育、民政、财政、人力资源社会保障等部门之间的协作关系，形成工作合力。各级宣传文化、发展改革、财政、人力资源社会保障等部门，要将博物馆发展纳入经济社会发展总体规划和基础设施建设、教育、科技、文化、旅游等相关专项规划，发挥博物馆在文明城市创建中的作用，支持博物馆事业发展。

（十九）加强政策支持。按照国办《公共文化领域中央与地方财政事权和支出责任划分改革方案》部署，落实博物馆有关支出责任，向财力困难地区倾斜，加强预防性保护和数字化保护项目支持。健全博物馆免费开放机制，督促落实地方主体责任。鼓励地方通过政府购买服务、项目补贴、以奖代补等方式，支持非国有博物馆持续发展。博物馆认定为非营利组织的，其符合条件的捐赠收入按规定享受免税政策。企业或个人等通过公益性社会组织、县级以上人民政府及其部门等国家机关，向博物馆进行公益性捐赠的，按规定享受所得税税前扣除政策。创新博物馆发展多元化投入机制，在加强监管、防范风险的前提下，鼓励社会资本

以直接捐赠、设立基金会等形式支持博物馆发展。

（二十）加强队伍建设。健全博物馆人才激励机制，按照国家有关规定进行表彰奖励，加强博物馆管理人才、专业人才、研究人才、创新型人才培育，为人才发展营造良好的制度环境。加强国家文博领域高水平创新团队建设，培育跨领域、跨学科创新团队。按照人力资源社会保障部、国家文物局《关于进一步加强文博事业单位人事管理工作的指导意见》精神，拓宽人才汇集机制，支持博物馆设立流动岗，吸引相关专业技术人员兼职。加大博物馆专业人才引进力度，提高队伍专业化水平。推进文博行业相关职业资格制度建设。强化人才培训，根据不同岗位要求，开展分级分类培训，提高队伍整体素质能力。

（二十一）加强监督管理。通过日常巡查、"双随机一公开"检查、备案管理等方式，加强文物保护、陈列展览等事项事中事后监管。建立健全绩效考评、专业评价和第三方评估相结合的博物馆考评监督机制。健全博物馆质量评价体系，扩大国家一二三级博物馆占比，加强评估结果运用。加强博物馆行业协会建设，促进行业自律。建立博物馆年报制度和信用体系，主动接受社会监督。

各地要制定贯彻落实本意见的实施方案，落实任务分工，细化工作责任，明确时间表、路线图，着力推进实施，强化督导检查，确保改革措施落地见效。

（来源：中国政府网 https://www.gov.cn/，2021-05-24）

国家电影局等印发
《关于促进影视基地规范健康发展的意见》
的通知

（国影发〔2022〕1号）

各省、自治区、直辖市电影主管部门、发展改革委、自然资源主
管部门、生态环境厅（局）、住房城乡建设厅（委、管委）、广播
电视局：

现将《关于促进影视基地规范健康发展的意见》印发给你们，
请结合实际认真贯彻落实。

国家电影局　国家发展改革委　自然资源部
生态环境部　住房城乡建设部　国家广播电视总局
2022年2月21日

关于促进影视基地规范健康发展的意见

近年来，各地先后投资建设了一批影视基地，对于影视行业
提高创作生产水平、完善工业体系、壮大产业实力发挥了重要作
用。同时，在影视基地建设发展中也出现了盲目发展、低水平重

复建设等问题，有的地方甚至出现了借机搞房地产开发的情况。为促进影视基地规范健康发展，提出以下意见。

一、总体要求

（一）指导思想。以习近平新时代中国特色社会主义思想为指导，全面贯彻党的十九大和十九届历次全会精神，贯彻新发展理念，科学规划、合理布局、改革创新，打造主业突出、技术先进、服务优质、特色鲜明的影视基地项目，带动影视产业高质量发展。

（二）基本原则

——坚持正确方向。把握影视创作生产的意识形态属性，加强对影视基地内拍摄制作业务的把关和管理，确保守土有责、守土负责、守土尽责。

——坚持因地制宜。立足我国影视产业发展阶段和各地区资源要素禀赋，遵循影视基地建设发展规律，实事求是、量力而行、控制总量、提高质量，形成健康、有序、可持续的发展格局，防止一哄而上、跟风雷同。

——坚持突出主业。准确把握影视基地的产业定位，以服务影视创作生产为核心，打造影视精品力作。合理控制影视基地配套产业规模，防止变形走样，严防借影视基地之名行房地产开发之实。

——坚持典型引领。把握好发展与规范的关系，实行正面激励与负面纠偏"两手抓"。充分发挥先进影视基地的榜样示范作用，树立标杆、推广经验、加强引导。

二、主要任务

（三）准确界定范围。本意见中所称的影视基地，是指采取市场化、企业化方式建设运营，实行封闭或半封闭管理，以人工实

景、摄影棚等为主要内容，拥有音视频编辑机房、器材装置库等
设施设备，为电影、电视剧、网络电影、网络剧等提供拍摄、制
作等专业化服务的园区。

（四）落实意识形态工作责任制。各影视基地要坚持马克思主
义在意识形态领域的指导地位，坚持以社会主义核心价值观为引
领，确保基地内拍摄制作影视作品合法合规。对于未经影视主管
部门许可或者备案的电影、电视剧、网络电影、网络剧等摄制活
动，各影视基地一律不予接待，不得以任何形式向相关剧组提供
拍摄制作服务。影视基地如发现剧组违规拍摄制作影视作品等情
况，应及时向当地影视主管部门报告。

（五）合理规划布局。建设影视基地要严格履行法定审批程序。
各地区要根据本地区影视产业发展水平和比较优势，严格科学论
证，统筹研究影视基地项目的数量规模和选址布局。在影视基地
周边，合理规划酒店、餐饮、交通等服务设施建设，控制与影视
基地无关的住宅、办公楼等项目。在影视基地内部，配套商业设
施应主要用于服务影视拍摄制作相关人员。

（六）聚力发展主业。紧密围绕影视拍摄制作业务需求，集聚
行业资源要素，优化服务流程和机制，及时更新设施设备、改造
场地环境，加强专业人才培养，不断提高影视基地建设水平和质
量效益，切实增强主业核心竞争力。创新影视基地发展业态和经
营模式，合理延伸产业链、提升价值链。加强影视基地品牌建设，
实现特色化、差异化、内涵式发展。

（七）提高科技含量。准确把握影视工业发展趋势，积极推动
影视基地企业科技创新。大力支持虚拟数字拍摄、云计算、云存
储、人工智能、5G协同制作等新技术推广应用，充分利用国家文
化大数据体系建设成果，切实提高影视特效制作水平。加强知识
产权运用和保护，健全创新激励机制。

（八）加强示范引领。鼓励影视基地做优做强。确定一批国家级重点影视产业基地（园区），从资金、政策、业务等方面加大扶持力度，更好发挥示范引领作用。

（九）严控房地产开发。严控影视基地建设和管理运营主体在基地周边捆绑开发建设住宅、办公楼等房地产项目，不得通过调整规划为影视基地项目配套房地产开发用地。对拟新增立项的影视基地项目要严格把关，防范"假影视基地真地产"现象。

（十）严格用地管理。落实最严格的耕地保护制度和节约用地制度，影视基地选址须位于城镇开发边界内，合理确定用地规模。影视基地用地要优先利用存量和低效建设用地，严格控制新增建设用地，禁止占用耕地、I级保护林地、天然林地、国家级公益林地和城镇公园绿地，禁止违规填海建设影视基地。

（十一）严守生态保护红线。落实最严格的生态环境保护制度，严禁在生态保护红线、自然保护地、文化自然遗产、饮用水水源保护区选址建设影视基地，严格落实国土空间用途管制和生态环境分区管控要求。

三、组织实施

（十二）压实属地责任。各地区要充分论证、统筹规划，严格控制新批新建影视基地，进一步强化管理，确保影视基地真正为影视创作服务、为影视企业服务。要严肃查处违反土地用途和建设方案要求、利用影视基地土地开发房地产的行为。

（十三）加强部门监管。影视主管部门要建立健全影视基地相关标准和规范，加强内容监管、行业指导、示范引领和宣传引导。发展改革、自然资源、生态环境、住房城乡建设等部门要结合各自职能加强对影视基地项目的监管，在审批之前征求省级以上影视主管部门的意见，对未依法依规办理审批手续的及时予以纠正。

影视主管部门要协助有关部门及时将批准同意设立的影视基地边界线等空间信息纳入国土空间规划相关信息系统。对于拓展经营主题公园等业务的影视基地，相关部门要立足职能按照有关规定加强规范管理。

（十四）强化行业自律。培育和支持影视基地行业社会组织发展，鼓励和指导行业协会参与制定影视基地相关技术与服务标准和规范。行业协会要加强行业研究和统计分析，及时掌握行业发展动态，促进行业交流，宣介政策法规，强化会员监管，维护行业权益，营造良好环境。

（来源：中国电影报 http://chinafilmnews.cn/，2022-03-09）

商务部等27部门关于推进对外文化贸易高质量发展的意见

（商服贸发〔2022〕102号）

各省、自治区、直辖市及计划单列市人民政府，新疆生产建设兵团，中央宣传部、中央网信办，国务院各部委、各直属机构，中国贸促会、中国外文局：

党中央、国务院高度重视推进对外贸易高质量发展、推动中华文化走出去工作。为把握数字经济发展趋势和规律，激活创新发展新动能，推进对外文化贸易高质量发展，更好服务构建新发展格局和文化强国建设，经国务院同意，现提出以下意见。

一、总体要求

（一）指导思想。以习近平新时代中国特色社会主义思想为指导，全面贯彻党的十九大和十九届历次全会精神，立足新发展阶段，完整、准确、全面贯彻新发展理念，加快构建新发展格局，以推进对外文化贸易高质量发展为主题，着力加强顶层设计和统筹协调，着力推动体制机制改革和内容形式创新，着力促进文化贸易规模增长和结构优化，增强我国文化产品和服务的国际竞争力，向世界阐释推介更多中华优秀文化，提升国家文化软实力和中华文化影响力。

（二）工作原则。坚持服务大局。服务文化强国建设目标，通过文化贸易发展提升文化产业国际竞争力，带动中华文化走出去，提升中华文化亲和力、吸引力、辐射力，为共建"一带一路"和推动构建人类命运共同体作出积极贡献。坚持守正创新。坚守中华文化立场，遵循国际规则和文化传播规律，把握数字化发展趋势，拓展平台渠道，创新内容形式、发展模式，创作和生产更多适应国际市场需求的文化产品和服务。坚持政策引导。坚持政府引导、企业主体、市场运作，深化改革开放，加强政策支持，营造发展环境，释放发展活力，实现社会效益和经济效益相统一。坚持统筹推进。加强统筹指导，鼓励多方参与，注重资源整合，加强规范引导，统筹推进文化产业和贸易高质量发展，推动对外文化交流、传播与贸易相互促进、协调发展。

（三）主要目标。对外文化贸易规模稳步增长，结构持续优化，高附加值文化服务出口在对外文化贸易中的比重稳步提升。到2025年，建成若干覆盖全国的文化贸易专业服务平台，形成一批具有国际影响力的数字文化平台和行业领军企业，我国文化产品和服务的竞争力进一步增强，文化品牌的国际影响力进一步提高，文化贸易对中华文化走出去的带动作用进一步提升、对文化强国建设的贡献显著增强。

二、深化文化领域改革开放

（四）积极探索高水平开放路径。探索有序放宽文化领域限制性措施，发挥自由贸易试验区、自由贸易港、服务贸易创新发展试点和服务业扩大开放综合示范区等先行先试作用，主动对接国

际高水平经贸规则，围绕文化领域开放开展压力测试，建立健全适应新形势新需要的风险防范机制。（中央宣传部、发展改革委、商务部、文化和旅游部、广电总局和各地方人民政府按职责分工负责）

（五）深化文化领域审批改革。聚焦推动文化传媒、网络游戏、动漫、创意设计等领域发展，开展优化审批流程改革试点，扩大网络游戏审核试点，创新事中事后监管方式。探索设立市场化运作的文物鉴定机构，鼓励社会力量参与博物馆展览、教育和文创开发。（中央宣传部、文化和旅游部、广电总局、文物局和各地方人民政府按职责分工负责）

（六）扩大优质文化产品和服务进口。围绕满足人民日益增长的文化需求，有序扩大出版物、电影、电视剧、网络视听、体育、演艺和文化艺术等领域优质文化产品和服务进口，促进高水平市场竞争。（中央宣传部、文化和旅游部、广电总局、体育总局和各地方人民政府按职责分工负责）

三、培育文化贸易竞争新优势

（七）大力发展数字文化贸易。推进实施国家文化数字化战略，建设国家文化大数据体系。发挥国内大市场和丰富文化资源优势，加强数字文化内容建设，促进优秀文化资源、文娱模式数字化开发。支持数字艺术、云展览和沉浸体验等新型业态发展，积极培育网络文学、网络视听、网络音乐、网络表演、网络游戏、数字电影、数字动漫、数字出版、线上演播、电子竞技等领域出口竞争优势，提升文化价值，打造具有国际影响力的中华文化符号。（中央宣传部、中央网信办、商务部、文化和旅游部、广电总局、体育总局、文物局、外文局和各地方人民政府按职责分工负责）

（八）扩大出版物出口和版权贸易。推动主题出版物出口，扩大文学艺术、传统文化、哲学社会科学、自然科学出版物和学术期刊、教材、少儿读物、学术数据库产品出口。积极发展版权贸易，扩大版权出口规模，提升版权出口质量，优化内容品质和区域布局，拓展版权出口渠道和平台。提升外向型图书整体策划、编辑出版和设计印刷水平，积极参与国际合作出版，提高国际市场影响力。（中央宣传部、教育部、商务部、外文局和各地方人民政府按职责分工负责）

（九）鼓励优秀广播影视节目出口。支持电影、电视剧、纪录片、动画片、综艺节目创作和出口，加大海外推广力度，做强"中国联合展台"，创新叙事方式，推进中国故事和中国声音的全球化表达、区域化表达、分众化表达。加强与海外媒体平台合作，拓展广播影视节目出口渠道。鼓励影视制作机构开展国际合拍。（中央宣传部、商务部、广电总局和各地方人民政府按职责分工负责）

（十）支持扩大文艺精品出口。鼓励各类演艺机构创作开发体现中华优秀文化、面向国际市场的演艺精品，开展海外巡演和海外社交媒体平台演出，推动民族特色戏剧、音乐、舞蹈、曲艺、杂技走出去，带动舞美设计、舞台布景创意和舞台技术装备创新和出口。培育演艺服务出口特色品牌，提升对外演艺服务能力。（中央宣传部、商务部、文化和旅游部和各地方人民政府按职责分工负责）

（十一）推动中华特色文化走出去。加强传统文化典籍、文物资源、非物质文化遗产的数字化、网络化转化开发，面向海外用户开发一批数字文化精品。支持艺术家、传承人等与专业机构开展合作，实现资源整合，共同开拓国际市场。大力促进中国餐饮、中医药、中国园林、传统服饰和以中国武术、围棋为代表的传统

体育等特色文化出口。（中央宣传部、住房城乡建设部、商务部、文化和旅游部、体育总局、文物局、中医药局和各地方人民政府按职责分工负责）

（十二）促进文化创意和设计服务出口。加强与世界各国、各地区创意设计机构和人才的交流合作，推动中华文化符号的时尚表达、国际表达。发挥文化文物单位资源优势，加大文化创意产品开发力度，扩大文化创意产品出口。发挥建筑设计、工业设计、专业设计优势，支持原创设计开拓国际市场。推动将文化元素嵌入创意设计环节，提高出口产品和服务的文化内涵。（中央宣传部、发展改革委、工业和信息化部、住房城乡建设部、商务部、文化和旅游部、文物局和各地方人民政府按职责分工负责）

四、激活创新发展新动能

（十三）提升文化贸易数字化水平。推动文化和科技深度融合，促进大数据、云计算、人工智能、区块链等新技术应用，赋能文化产业和贸易全链条，带动传统行业数字化转型，提升企业数字化运营能力。适应疫情防控常态化形势，鼓励线上线下相融合的新业态新模式发展。鼓励文化企业积极利用全球创新资源，深化国际产业和技术合作。（中央宣传部、中央网信办、发展改革委、科技部、工业和信息化部、商务部、文化和旅游部、广电总局和各地方人民政府按职责分工负责）

（十四）加强国家文化出口基地建设。优化国家文化出口基地营商环境，为文化贸易企业、人才、资本、技术、数据、信息集聚创造有利条件，完善多元化支持举措，建设文化出口高地，发挥基地集聚示范引领效应。鼓励各地区挖掘特色优势文化产业出口潜力，延伸产业链，完善服务链条，建设各具特色的文化出口

基地。（中央宣传部、商务部、文化和旅游部、广电总局和各地方人民政府按职责分工负责）

（十五）鼓励数字文化平台国际化发展。引导文化领域平台类企业规范健康发展，支持平台企业做大做强，支撑中小企业开展技术、内容、模式创新。鼓励平台企业积极开拓国际市场，提升平台海外影响力，带动文化产品和服务出口。（中央宣传部、中央网信办、商务部、文化和旅游部、广电总局和各地方人民政府按职责分工负责）

（十六）创新发展数字内容加工等业务。发挥综合保税区政策功能优势，支持开展"两头在外"的数字内容加工业务，研究完善监管模式，鼓励企业为境外生产的影视、动漫、游戏等提供洗印、译制、配音、编辑、后期制作等服务。支持在具备条件的海关特殊监管区域开展文物、艺术品仓储、展示、交易和文物鉴定等业务。（中央宣传部、商务部、文化和旅游部、海关总署、广电总局、文物局和各地方人民政府按职责分工负责）

五、激发市场主体发展活力

（十七）培育壮大市场主体。发挥国家文化出口重点企业、重点项目示范作用，实施文化贸易"千帆出海"行动计划，培育一批具有核心竞争力的文化贸易骨干企业。支持骨干企业与中小微企业建立良性协作关系，通过开放平台、共享资源、产业链协作等方式，引导中小微企业走"专精特新"国际化发展道路。培育文化贸易专业服务机构。（中央宣传部、商务部、文化和旅游部、广电总局、外文局和各地方人民政府按职责分工负责）

（十八）加强国际化品牌建设。在动漫、影视、出版、演艺、游戏等领域培育一批国际知名品牌。挖掘中华老字号、传统品牌、经典标识形象的文化内涵，实现创造性转化和创新性发展，引导

和推动企业加大创意开发和品牌培育力度，提升品牌产品和服务出口附加值。（中央宣传部、商务部、文化和旅游部、广电总局、外文局和各地方人民政府按职责分工负责）

（十九）发挥平台载体赋能作用。鼓励建设一批"一站式"文化贸易服务平台，为文化贸易企业提供国别政策、市场信息、法律服务、技术支撑、人才招聘等服务。支持建设影视、版权等领域海外推广和数字化交易平台。建设语言服务出口基地，提升国家语言服务能力，用好小语种人才资源，为文化产品、服务、标准走出去提供专业支撑。（中央宣传部、中央网信办、发展改革委、教育部、商务部、文化和旅游部、广电总局、外文局和各地方人民政府按职责分工负责）

（二十）扩大文化领域对外投资。鼓励有条件的文化企业创新对外合作方式，优化资源、品牌和营销渠道，面向国际市场开发产品、提供服务，提高境外投资质量效益。鼓励优势企业设立海外文化贸易促进平台。推动深化与共建"一带一路"国家文化领域投资合作。（中央宣传部、发展改革委、商务部、文化和旅游部、广电总局、外文局和各地方人民政府按职责分工负责）

六、拓展合作渠道网络

（二十一）健全文化贸易合作机制。推进中国标准国际化进程，积极参与国际规则、标准制定，拓展文化贸易发展空间。加强与各国及政府间国际组织交流合作，积极商签政府间合作备忘录，健全文化产业和贸易政策沟通对话机制，为企业合作搭建平台、创造条件。（中央宣传部、商务部、文化和旅游部、广电总局、贸促会按职责分工负责）

（二十二）拓展文化贸易合作渠道。提升中国国际服务贸易交易会、中国（深圳）国际文化产业博览交易会等重点展会的国际化、专业化、市场化水平，更好搭建文化贸易展览展示和洽谈交易平台。支持企业参加重要国际性文化节展。鼓励企业运用跨境电商等新模式新渠道拓展海外市场。发挥海外中国文化中心、商协会作用，拓展对外文化贸易渠道。（中央宣传部、商务部、文化和旅游部、广电总局、贸促会、外文局按职责分工负责）

（二十三）聚焦重点市场深化合作。扩大与港澳台地区文化贸易合作，发挥港澳企业渠道优势，鼓励企业联合开拓海外市场。结合区域全面经济伙伴关系协定（RCEP）生效实施，巩固日韩和东南亚等传统市场优势，积极拓展其他周边国家市场。深耕欧美等发达国家市场，主动对接市场标准和文化需求，针对性创新文化产品和服务。深入拓展共建"一带一路"国家市场。（中央宣传部、外交部、发展改革委、商务部、文化和旅游部、广电总局、港澳办、贸促会和各地方人民政府按职责分工负责）

七、完善政策措施

（二十四）完善投入机制。统筹利用相关财政资金政策，支持国家文化出口基地建设和企业开拓海外市场，扩大文化服务出口，培育重点企业和文化品牌。更好发挥服务贸易创新发展引导基金作用，利用市场化方式为符合条件的文化贸易企业提供融资支持，引导更多社会资本支持文化贸易发展。（中央宣传部、财政部、商务部、文化和旅游部、广电总局和各地方人民政府按职责分工负责）

（二十五）创新金融服务。鼓励金融机构创新金融产品和服务，开发更多与文化贸易特点相适应的信贷产品、贷款模式，推广知识产权质押融资、供应链融资、订单融资等业务，支持境内银行

按照风险可控、商业可持续原则开展境外人民币贷款业务。积极支持符合条件的文化贸易企业上市融资，以及通过发行公司债券、企业债券、非金融企业债务融资工具等方式融资。积极探索创新文化贸易出口信用保险承保模式，提升承保理赔服务水平质量，根据市场化原则合理确定费率。积极推广"信保+担保"模式，以多种方式为文化贸易企业提供增信支持。鼓励保险机构开发文化类专属险种，增强机构服务能力。支持保险资金、符合条件的资产管理产品投资面向文创企业的创业投资基金、股权投资基金等，拓宽企业融资渠道。（人民银行、银保监会、证监会、中国进出口银行、中国出口信用保险公司负责）

（二十六）落实税收政策。落实文化服务出口免税或零税率政策。积极支持文化企业参加技术先进型服务企业认定，经认定的技术先进型服务企业可按规定享受相关企业所得税优惠政策。对国家鼓励发展的文化产业项目，在投资总额内进口的自用设备按照现行政策规定免征关税。（科技部、财政部、税务总局等按职责分工负责）

（二十七）提升便利化水平。海关、商务部门加大宣传和培育力度，帮助符合条件的文化贸易企业成为海关高级认证企业，享受相关便利措施。简化演艺机构人员出境审批手续。支持文化贸易企业开展跨境人民币结算业务。提升对外投资便利化水平，支持银行为文化贸易企业提供更加优质的跨境结算服务。（发展改革委、商务部、文化和旅游部、人民银行、海关总署、外汇局按职责分工负责）

八、加强组织保障

（二十八）加强组织领导。提高站位，统筹推进文化贸易高质量发展工作。发挥对外文化贸易工作联系机制作用，持续完善对外文化贸易发展的体制机制，加强政策协调和工作协同，形成发展对外文化贸易的强大合力。（中央宣传部、商务部、文化和旅游部、广电总局按职责分工负责）

（二十九）强化人才支撑。支持高校加强文化贸易交叉学科专业建设和人才培养，鼓励高校和企业创新合作模式，共建实训基地。加强对外文化贸易骨干人才培训和创新型、应用型、国际化人才培养，加快培育一批数字文化产业贸易创新人才。加强智库建设，发挥智库支撑作用，建设对外文化贸易研究基地。支持多渠道引进文化贸易、版权贸易人才。（中央宣传部、教育部、人力资源社会保障部、商务部、文化和旅游部、广电总局和各地方人民政府按职责分工负责）

（三十）加强知识产权保护。完善知识产权保护体系和纠纷多元化解决机制，深化知识产权保护国际合作，积极参与传统知识保护国际规则制定，支持企业开展海外知识产权维权工作。加大数字版权保护力度，强化版权全链条保护和开发利用，激发企业创新创造活力。（中央宣传部、商务部、知识产权局和各地方人民政府按职责分工负责）

（三十一）完善统计评价体系。加强对外文化贸易统计工作，强化部门间数据交换和信息共享，提高统计信息的准确性和时效性。创新评价机制，以价值导向、贸易实绩、贸易结构、社会效益等为重要指标，建立对外文化贸易高质量发展水平评价体系，为推进对外文化贸易高质量发展提供决策参考。（中央宣传部、商务部、海关总署、统计局、外汇局和各地方人民政府按职责分工负责）

各地区、各部门要充分认识推动对外文化贸易高质量发展对培育国际经济合作和竞争新优势、推进社会主义文化强国建设和提升中华文化影响力的重要意义，切实加强对外文化贸易工作的

组织领导，明确任务、落实责任，完善和细化相关政策措施，确保各项举措及时落地见效。

商务部　中央宣传部　中央网信办　外交部

发展改革委　教育部　科技部　工业和信息化部

财政部　人力资源社会保障部　住房城乡建设部

文化和旅游部　人民银行　海关总署　税务总局

广电总局　体育总局　统计局　港澳办　银保监会

证监会　文物局　中医药局　外汇局

知识产权局　贸促会　外文局

2022年7月18日

国家数据局等部门关于印发
《"数据要素×"三年行动计划
（2024—2026年）》的通知

（国数政策〔2023〕11号）

各省、自治区、直辖市及计划单列市、新疆生产建设兵团数据管理部门、党委网信办、科学技术厅（委、局）、工业和信息化主管部门、交通运输厅（局、委）、农业农村（农牧）厅（局、委）、商务主管部门、文化和旅游厅（局）、卫生健康委、应急管理厅（局）、医保局、气象局、文物局、中医药主管部门，中国人民银行上海总部，各省、自治区、直辖市及计划单列市分行，金融监管总局各监管局，中国科学院院属各单位：

为深入贯彻党的二十大和中央经济工作会议精神，落实《中共中央 国务院关于构建数据基础制度更好发挥数据要素作用的意见》，充分发挥数据要素乘数效应，赋能经济社会发展，国家数据局会同有关部门制定了《"数据要素×"三年行动计划（2024—2026年）》，现印发给你们，请认真组织实施。

国家数据局

中央网信办

科技部

工业和信息化部

交通运输部

农业农村部

商务部

文化和旅游部

国家卫生健康委

应急管理部

中国人民银行

金融监管总局

国家医保局

中国科学院

中国气象局

国家文物局

国家中医药局

2023年12月31日

"数据要素×"三年行动计划（2024—2026年）

发挥数据要素的放大、叠加、倍增作用，构建以数据为关键要素的数字经济，是推动高质量发展的必然要求。为深入贯彻党的二十大和中央经济工作会议精神，落实《中共中央 国务院关于构建数据基础制度更好发挥数据要素作用的意见》，充分发挥数据要素乘数效应，赋能经济社会发展，特制定本行动计划。

一、激活数据要素潜能

随着新一轮科技革命和产业变革深入发展，数据作为关键生产要素的价值日益凸显。发挥数据要素报酬递增、低成本复用等特点，可优化资源配置，赋能实体经济，发展新质生产力，推动生产生活、经济发展和社会治理方式深刻变革，对推动高质量发展具有重要意义。

近年来，我国数字经济快速发展，数字基础设施规模能级大幅跃升，数字技术和产业体系日臻成熟，为更好发挥数据要素作用奠定了坚实基础。与此同时，也存在数据供给质量不高、流通机制不畅、应用潜力释放不够等问题。实施"数据要素×"行动，就是要发挥我国超大规模市场、海量数据资源、丰富应用场景等多重优势，推动数据要素与劳动力、资本等要素协同，以数据流引领技术流、资金流、人才流、物资流，突破传统资源要素约束，提高全要素生产率；促进数据多场景应用、多主体复用，培育基于数据要素的新产品和新服务，实现知识扩散、价值倍增，开辟经济增长新空间；加快多元数据融合，以数据规模扩张和数据类型丰富，促进生产工具创新升级，催生新产业、新模式，培育经济发展新动能。

二、总体要求

（一）指导思想

以习近平新时代中国特色社会主义思想为指导，深入贯彻落实党的二十大精神，完整、准确、全面贯彻新发展理念，发挥数据的基础资源作用和创新引擎作用，遵循数字经济发展规律，以推动数据要素高水平应用为主线，以推进数据要素协同优化、复用增效、融合创新作用发挥为重点，强化场景需求牵引，带动数据要素高质量供给、合规高效流通，培育新产业、新模式、新动能，充分实现数据要素价值，为推动高质量发展、推进中国式现代化提供有力支撑。

（二）基本原则

需求牵引，注重实效。聚焦重点行业和领域，挖掘典型数据要素应用场景，培育数据商，繁荣数据产业生态，激励各类主体积极参与数据要素开发利用。

试点先行，重点突破。加强试点工作，探索多样化、可持续的数据要素价值释放路径。推动在数据资源丰富、带动性强、前景广阔的领域率先突破，发挥引领作用。

有效市场，有为政府。充分发挥市场机制作用，强化企业主体地位，推动数据资源有效配置。更好发挥政府作用，扩大公共数据资源供给，维护公平正义，营造良好发展环境。

开放融合，安全有序。推动数字经济领域高水平对外开放，加强国际交流互鉴，促进数据有序跨境流动。坚持把安全贯穿数据要素价值创造和实现全过程，严守数据安全底线。

（三）总体目标

到2026年底，数据要素应用广度和深度大幅拓展，在经济发展领域数据要素乘数效应得到显现，打造300个以上示范性强、显示度高、带动性广的典型应用场景，涌现出一批成效明显的数据要素应用示范地区，培育一批创新能力强、成长性好的数据商和第三方专业服务机构，形成相对完善的数据产业生态，数据产品和服务质量效益明显提升，数据产业年均增速超过20%，场内交易与场外交易协调发展，数据交易规模倍增，推动数据要素价值创造的新业态成为经济增长新动力，数据赋能经济提质增效作用更加凸显，成为高质量发展的重要驱动力量。

三、重点行动

（四）数据要素 × 工业制造

创新研发模式，支持工业制造类企业融合设计、仿真、实验验证数据，培育数据驱动型产品研发新模式，提升企业创新能力。推动协同制造，推进产品主数据标准生态系统建设，支持链主企业打通供应链上下游设计、计划、质量、物流等数据，实现敏捷柔性协同制造。提升服务能力，支持企业整合设计、生产、运行数据，提升预测性维护和增值服务等能力，实现价值链延伸。强化区域联动，支持产能、采购、库存、物流数据流通，加强区域间制造资源协同，促进区域产业优势互补，提升产业链供应链监测预警能力。开发使能技术，推动制造业数据多场景复用，支持制造业企业联合软件企业，基于设计、仿真、实验、生产、运行等数据积极探索多维度的创新应用，开发创成式设计、虚实融合试验、智能无人装备等方面的新型工业软件和装备。

（五）数据要素 × 现代农业

提升农业生产数智化水平，支持农业生产经营主体和相关服务企业融合利用遥感、气象、土壤、农事作业、灾害、农作物病虫害、动物疫病、市场等数据，加快打造以数据和模型为支撑的农业生产数智化场景，实现精准种植、精准养殖、精准捕捞等智慧农业作业方式，支撑提高粮食和重要农产品生产效率。提高农产品追溯管理能力，支持第三方主体汇聚利用农产品的产地、生产、加工、质检等数据，支撑农产品追溯管理、精准营销等，增强消费者信任。推进产业链数据融通创新，支持第三方主体面向农业生产经营主体提供智慧种养、智慧捕捞、产销对接、疫病防治、行情信息、跨区作业等服务，打通生产、销售、加工等数据，提供一站式采购、供应链金融等服务。培育以需定产新模式，支

持农业与商贸流通数据融合分析应用，鼓励电商平台、农产品批发市场、商超、物流企业等基于销售数据分析，向农产品生产端、加工端、消费端反馈农产品信息，提升农产品供需匹配能力。提升农业生产抗风险能力，支持在粮食、生猪、果蔬等领域，强化产能、运输、加工、贸易、消费等数据融合、分析、发布、应用，加强农业监测预警，为应对自然灾害、疫病传播、价格波动等影响提供支撑。

（六）数据要素×商贸流通

拓展新消费，鼓励电商平台与各类商贸经营主体、相关服务企业深度融合，依托客流、消费行为、交通状况、人文特征等市场环境数据，打造集数据收集、分析、决策、精准推送和动态反馈的闭环消费生态，推进直播电商、即时电商等业态创新发展，支持各类商圈创新应用场景，培育数字生活消费方式。培育新业态，支持电子商务企业、国家电子商务示范基地、传统商贸流通企业加强数据融合，整合订单需求、物流、产能、供应链等数据，优化配置产业链资源，打造快速响应市场的产业协同创新生态。打造新品牌，支持电子商务企业、商贸企业依托订单数量、订单类型、人口分布等数据，主动对接生产企业、产业集群，加强产销对接、精准推送，助力打造特色品牌。推进国际化，在安全合规前提下，鼓励电子商务企业、现代流通企业、数字贸易龙头企业融合交易、物流、支付数据，支撑提升供应链综合服务、跨境身份认证、全球供应链融资等能力。

（七）数据要素×交通运输

提升多式联运效能，推进货运寄递数据、运单数据、结算数据、保险数据、货运跟踪数据等共享互认，实现托运人一次委托、费用一次结算、货物一次保险、多式联运经营人全程负责。推进航运贸易便利化，推动航运贸易数据与电子发票核验、经营主体身份核验、报关报检状态数据等的可信融合应用，加快推广电子提单、信用证、电子放货等业务应用。提升航运服务能力，支持海洋地理空间、卫星遥感、定位导航、气象等数据与船舶航行位置、水域、航速、装卸作业数据融合，创新商渔船防碰撞、航运路线规划、港口智慧安检等应用。挖掘数据复用价值，融合"两客一危"、网络货运等重点车辆数据，构建覆盖车辆营运行为、事故统计等高质量动态数据集，为差异化信贷、保险服务、二手车消费等提供数据支撑。支持交通运输龙头企业推进高质量数据集建设和复用，加强人工智能工具应用，助力企业提升运输效率。推进智能网联汽车创新发展，支持自动驾驶汽车在特定区域、特定时段进行商业化试运营试点，打通车企、第三方平台、运输企业等主体间的数据壁垒，促进道路基础设施数据、交通流量数据、驾驶行为数据等多源数据融合应用，提高智能汽车创新服务、主动安全防控等水平。

（八）数据要素 × 金融服务

提升金融服务水平，支持金融机构融合利用科技、环保、工商、税务、气象、消费、医疗、社保、农业农村、水电气等数据，加强主体识别，依法合规优化信贷业务管理和保险产品设计及承保理赔服务，提升实体经济金融服务水平。提高金融抗风险能力，推进数字金融发展，在依法安全合规前提下，推动金融信用数据和公共信用数据、商业信用数据共享共用和高效流通，支持金融机构间共享风控类数据，融合分析金融市场、信贷资产、风险核查等多维数据，发挥金融科技和数据要素的驱动作用，支撑提升金融机构反欺诈、反洗钱能力，提高风险预警和防范水平。

（九）数据要素 × 科技创新

推动科学数据有序开放共享，促进重大科技基础设施、科技重大项目等产生的各类科学数据互联互通，支持和培育具有国际

影响力的科学数据库建设，依托国家科学数据中心等平台强化高质量科学数据资源建设和场景应用。以科学数据助力前沿研究，面向基础学科，提供高质量科学数据资源与知识服务，驱动科学创新发现。以科学数据支撑技术创新，聚焦生物育种、新材料创制、药物研发等领域，以数智融合加速技术创新和产业升级。以科学数据支持大模型开发，深入挖掘各类科学数据和科技文献，通过细粒度知识抽取和多来源知识融合，构建科学知识资源底座，建设高质量语料库和基础科学数据集，支持开展人工智能大模型开发和训练。探索科研新范式，充分依托各类数据库与知识库，推进跨学科、跨领域协同创新，以数据驱动发现新规律，创造新知识，加速科学研究范式变革。

（十）数据要素 × 文化旅游

培育文化创意新产品，推动文物、古籍、美术、戏曲剧种、非物质文化遗产、民族民间文艺等数据资源依法开放共享和交易流通，支持文化创意、旅游、展览等领域的经营主体加强数据开发利用，培育具有中国文化特色的产品和品牌。挖掘文化数据价值，贯通各类文化机构数据中心，关联形成中华文化数据库，鼓励依托市场化机制开发文化大模型。提升文物保护利用水平，促进文物病害数据、保护修复数据、安全监管数据、文物流通数据融合共享，支持实现文物保护修复、监测预警、精准管理、应急处置、阐释传播等功能。提升旅游服务水平，支持旅游经营主体共享气象、交通等数据，在合法合规前提下构建客群画像、城市画像等，优化旅游配套服务、一站式出行服务。提升旅游治理能力，支持文化和旅游场所共享公安、交通、气象、证照等数据，支撑"免证"购票、集聚人群监测预警、应急救援等。

（十一）数据要素 × 医疗健康

提升群众就医便捷度，探索推进电子病历数据共享，在医疗机构间推广检查检验结果数据标准统一和共享互认。便捷医疗理赔结算，支持医疗机构基于信用数据开展先诊疗后付费就医。推动医保便民服务。依法依规探索推进医保与商业健康保险数据融合应用，提升保险服务水平，促进基本医保与商业健康保险协同发展。有序释放健康医疗数据价值，完善个人健康数据档案，融合体检、就诊、疾控等数据，创新基于数据驱动的职业病监测、公共卫生事件预警等公共服务模式。加强医疗数据融合创新，支持公立医疗机构在合法合规前提下向金融、养老等经营主体共享数据，支撑商业保险产品、疗养休养等服务产品精准设计，拓展智慧医疗、智能健康管理等数据应用新模式新业态。提升中医药发展水平，加强中医药预防、治疗、康复等健康服务全流程的多源数据融合，支撑开展中医药疗效、药物相互作用、适应症、安全性等系统分析，推进中医药高质量发展。

（十二）数据要素×应急管理

提升安全生产监管能力，探索利用电力、通信、遥感、消防等数据，实现对高危行业企业私挖盗采、明停暗开行为的精准监管和城市火灾的智能监测。鼓励社会保险企业围绕矿山、危险化学品等高危行业，研究建立安全生产责任保险评估模型，开发新险种，提高风险评估的精准性和科学性。提升自然灾害监测评估能力，利用铁塔、电力、气象等公共数据，研发自然灾害灾情监测评估模型，强化灾害风险精准预警研判能力。强化地震活动、地壳形变、地下流体等监测数据的融合分析，提升地震预测预警水平。提升应急协调共享能力，推动灾害事故、物资装备、特种作业人员、安全生产经营许可等数据跨区域共享共用，提高监管执法和救援处置协同联动效率。

（十三）数据要素×气象服务

降低极端天气气候事件影响，支持经济社会、生态环境、自

然资源、农业农村等数据与气象数据融合应用,实现集气候变化风险识别、风险评估、风险预警、风险转移的智能决策新模式,防范化解重点行业和产业气候风险。支持气象数据与城市规划、重大工程等建设数据深度融合,从源头防范和减轻极端天气和不利气象条件对规划和工程的影响。创新气象数据产品服务,支持金融企业融合应用气象数据,发展天气指数保险、天气衍生品和气候投融资新产品,为保险、期货等提供支撑。支持新能源企业降本增效,支持风能、太阳能企业融合应用气象数据,优化选址布局、设备运维、能源调度等。

(十四)数据要素×城市治理

优化城市管理方式,推动城市人、地、事、物、情、组织等多维度数据融通,支持公共卫生、交通管理、公共安全、生态环境、基层治理、体育赛事等各领域场景应用,实现态势实时感知、风险智能研判、及时协同处置。支撑城市发展科学决策,支持利用城市时空基础、资源调查、规划管控、工程建设项目、物联网感知等数据,助力城市规划、建设、管理、服务等策略精细化、智能化。推进公共服务普惠化,深化公共数据的共享应用,深入推动就业、社保、健康、卫生、医疗、救助、养老、助残、托育等服务"指尖办""网上办""就近办"。加强区域协同治理,推动城市群数据打通和业务协同,实现经营主体注册登记、异地就医结算、养老保险互转等服务事项跨城通办。

(十五)数据要素×绿色低碳

提升生态环境治理精细化水平,推进气象、水利、交通、电力等数据融合应用,支撑气象和水文耦合预报、受灾分析、河湖岸线监测、突发水事件应急处置、重污染天气应对、城市水环境精细化管理等。加强生态环境公共数据融合创新,支持企业融合应用自有数据、生态环境公共数据等,优化环境风险评估,支撑环境污染责任保险设计和绿色信贷服务。提升能源利用效率，促进制造与能源数据融合创新，推动能源企业与高耗能企业打通订单、排产、用电等数据，支持能耗预测、多能互补、梯度定价等应用。提升废弃资源利用效率，汇聚固体废物收集、转移、利用、处置等各环节数据，促进产废、运输、资源化利用高效衔接，推动固废、危废资源化利用。提升碳排放管理水平，支持打通关键产品全生产周期的物料、辅料、能源等碳排放数据以及行业碳足迹数据，开展产品碳足迹测算与评价，引导企业节能降碳。

四、强化保障支撑

（十六）提升数据供给水平

完善数据资源体系，在科研、文化、交通运输等领域，推动科研机构、龙头企业等开展行业共性数据资源库建设，打造高质量人工智能大模型训练数据集。加大公共数据资源供给，在重点领域、相关区域组织开展公共数据授权运营，探索部省协同的公共数据授权机制。引导企业开放数据，鼓励市场力量挖掘商业数据价值，支持社会数据融合创新应用。健全标准体系，加强数据采集、管理等标准建设，协同推进行业标准制定。加强供给激励，制定完善数据内容采集、加工、流通、应用等不同环节相关主体的权益保护规则，在保护个人隐私前提下促进个人信息合理利用。

（十七）优化数据流通环境

提高交易流通效率，支持行业内企业联合制定数据流通规则、标准，聚焦业务需求促进数据合规流通，提高多主体间数据应用效率。鼓励交易场所强化合规管理，创新服务模式，打造服务生态，提升服务质量。打造安全可信流通环境，深化数据空间、隐私计算、联邦学习、区块链、数据沙箱等技术应用，探索建设重点行业和领域数据流通平台，增强数据利用可信、可控、可计量

能力，促进数据合规高效流通使用。培育流通服务主体，鼓励地方政府因地制宜，通过新建或拓展既有园区功能等方式，建设数据特色园区、虚拟园区，推动数据商、第三方专业服务机构等协同发展。完善培育数据商的支持举措。促进数据有序跨境流动，对标国际高标准经贸规则，持续优化数据跨境流动监管措施，支持自由贸易试验区开展探索。

（十八）加强数据安全保障

落实数据安全法规制度，完善数据分类分级保护制度，落实网络安全等级保护、关键信息基础设施安全保护等制度，加强个人信息保护，提升数据安全保障水平。丰富数据安全产品，发展面向重点行业、重点领域的精细化、专业型数据安全产品，开发适合中小企业的解决方案和工具包，支持发展定制化、轻便化的个人数据安全防护产品。培育数据安全服务，鼓励数据安全企业开展基于云端的安全服务，有效提升数据安全水平。

五、做好组织实施

（十九）加强组织领导

发挥数字经济发展部际联席会议制度作用，强化重点工作跟踪和任务落实，协调推进跨部门协作。行业主管部门要聚焦重点行业数据开发利用需求，细化落实行动计划的举措。地方数据管理部门要会同相关部门研究制定落实方案，因地制宜形成符合实际的数据要素应用实践，带动培育一批数据商和第三方专业服务机构，营造良好生态。

（二十）开展试点工作

支持部门、地方协同开展政策性试点，聚焦重点行业和领域，结合场景需求，研究数据资源持有权、数据加工使用权、数据产品经营权等分置的落地举措，探索数据流通交易模式。鼓励各地方大胆探索、先行先试，加强模式创新，及时总结可复制推广的实践经验。推动企业按照国家统一的会计制度对数据资源进行会计处理。

（二十一）推动以赛促用

组织开展"数据要素×"大赛，聚焦重点行业和领域搭建专业竞赛平台，加强数据资源供给，激励社会各界共同挖掘市场需求，提升数据利用水平。支持各类企业参与赛事，加强大赛成果转化，孵化新技术、新产品，培育新模式、新业态，完善数据要素生态。

（二十二）加强资金支持

实施"数据要素×"试点工程，统筹利用中央预算内投资和其他各类资金加大支持力度。鼓励金融机构按照市场化原则加大信贷支持力度，优化金融服务。依法合规探索多元化投融资模式，发挥相关引导基金、产业基金作用，引导和鼓励各类社会资本投向数据产业。支持数据商上市融资。

（二十三）加强宣传推广

开展数据要素应用典型案例评选，遴选一批典型应用。依托数字中国建设峰会及各类数据要素相关会议、论坛和活动等，积极发布典型案例，促进经验分享和交流合作。各地方数据管理部门要深入挖掘数据要素应用好经验、好做法，充分利用各类新闻媒体，加大宣传力度，提升影响力。

（来源：中国政府网微信公众号 2024-01-05）

财政部关于印发
《企业数据资源相关会计处理暂行规定》的通知

（财会〔2023〕11号）

国务院有关部委、有关直属机构，各省、自治区、直辖市、计划单列市财政厅（局），新疆生产建设兵团财政局，财政部各地监管局，有关单位：

为规范企业数据资源相关会计处理，强化相关会计信息披露，根据《中华人民共和国会计法》和相关企业会计准则，我们制定了《企业数据资源相关会计处理暂行规定》，现予印发，请遵照执行。

执行中如有问题，请及时反馈我部。

财　政　部

2023年8月1日

企业数据资源相关会计处理暂行规定

为规范企业数据资源相关会计处理，强化相关会计信息披露，根据《中华人民共和国会计法》和企业会计准则等相关规定，现对企业数据资源的相关会计处理规定如下：

一、关于适用范围

本规定适用于企业按照企业会计准则相关规定确认为无形资产或存货等资产类别的数据资源，以及企业合法拥有或控制的、预期会给企业带来经济利益的、但由于不满足企业会计准则相关资产确认条件而未确认为资产的数据资源的相关会计处理。

二、关于数据资源会计处理适用的准则

企业应当按照企业会计准则相关规定，根据数据资源的持有目的、形成方式、业务模式，以及与数据资源有关的经济利益的预期消耗方式等，对数据资源相关交易和事项进行会计确认、计量和报告。

1. 企业使用的数据资源，符合《企业会计准则第6号——无形资产》（财会〔2006〕3号，以下简称无形资产准则）规定的定义和确认条件的，应当确认为无形资产。

2. 企业应当按照无形资产准则、《〈企业会计准则第62号——无形资产〉应用指南》（财会〔2006〕18号，以下简称无形资产准则应用指南）等规定，对确认为无形资产的数据资源进行初始计量、后续计量、处置和报废等相关会计处理。

其中，企业通过外购方式取得确认为无形资产的数据资源，其成本包括购买价款、相关税费，直接归属于使该项无形资产达到预定用途所发生的数据脱敏、清洗、标注、整合、分析、可视化等加工过程所发生的有关支出，以及数据权属鉴证、质量评估、登记结算、安全管理等费用。企业通过外购方式取得数据采集、脱敏、清洗、标注、整合、分析、可视化等服务所发生的有关支出，不符合无形资产准则规定的无形资产定义和确认条件的，应

当根据用途计入当期损益。

企业内部数据资源研究开发项目的支出，应当区分研究阶段支出与开发阶段支出。研究阶段的支出，应当于发生时计入当期损益。开发阶段的支出，满足无形资产准则第九条规定的有关条件的，才能确认为无形资产。

企业在对确认为无形资产的数据资源的使用寿命进行估计时，应当考虑无形资产准则应用指南规定的因素，并重点关注数据资源相关业务模式、权利限制、更新频率和时效性、有关产品或技术迭代、同类竞品等因素。

3.企业在持有确认为无形资产的数据资源期间，利用数据资源对客户提供服务的，应当按照无形资产准则、无形资产准则应用指南等规定，将无形资产的摊销金额计入当期损益或相关资产成本；同时，企业应当按照《企业会计准则第14号——收入》（财会〔2017〕22号，以下简称收入准则）等规定确认相关收入。

除上述情形外，企业利用数据资源对客户提供服务的，应当按照收入准则等规定确认相关收入，符合有关条件的应当确认合同履约成本。

4.企业日常活动中持有、最终目的用于出售的数据资源，符合《企业会计准则第1号——存货》（财会〔2006〕3号，以下简称存货准则）规定的定义和确认条件的，应当确认为存货。

5.企业应当按照存货准则、《〈企业会计准则第1号——存货〉应用指南》（财会〔2006〕18号）等规定，对确认为存货的数据资源进行初始计量、后续计量等相关会计处理。

其中，企业通过外购方式取得确认为存货的数据资源，其采购成本包括购买价款、相关税费、保险费，以及数据权属鉴证、质量评估、登记结算、安全管理等所发生的其他可归属于存货采购成本的费用。企业通过数据加工取得确认为存货的数据资源，其成本包括采购成本，数据采集、脱敏、清洗、标注、整合、分析、可视化等加工成本和使存货达到目前场所和状态所发生的其他支出。

6.企业出售确认为存货的数据资源，应当按照存货准则将其成本结转为当期损益；同时，企业应当按照收入准则等规定确认相关收入。

7.企业出售未确认为资产的数据资源，应当按照收入准则等规定确认相关收入。

三、关于列示和披露要求

（一）资产负债表相关列示。

企业在编制资产负债表时，应当根据重要性原则并结合本企业的实际情况，在"存货"项目下增设"其中：数据资源"项目，反映资产负债表日确认为存货的数据资源的期末账面价值；在"无形资产"项目下增设"其中：数据资源"项目，反映资产负债表日确认为无形资产的数据资源的期末账面价值；在"开发支出"项目下增设"其中：数据资源"项目，反映资产负债表日正在进行数据资源研究开发项目满足资本化条件的支出金额。

（二）相关披露。

企业应当按照相关企业会计准则及本规定等，在会计报表附注中对数据资源相关会计信息进行披露。

1.确认为无形资产的数据资源相关披露。

（1）企业应当按照外购无形资产、自行开发无形资产等类别，对确认为无形资产的数据资源（以下简称数据资源无形资产）相关会计信息进行披露，并可以在此基础上根据实际情况对类别进行拆分。具体披露格式如下：

（2）对于使用寿命有限的数据资源无形资产，企业应当披露

其使用寿命的估计情况及摊销方法；对于使用寿命不确定的数据资源无形资产，企业应当披露其账面价值及使用寿命不确定的判断依据。

（3）企业应当按照《企业会计准则第28号——会计政策、会计估计变更和差错更正》（财会〔2006〕3号）的规定，披露对数据资源无形资产的摊销期、摊销方法或残值的变更内容、原因以及对当期和未来期间的影响数。

（4）企业应当单独披露对企业财务报表具有重要影响的单项数据资源无形资产的内容、账面价值和剩余摊销期限。

（5）企业应当披露所有权或使用权受到限制的数据资源无形资产，以及用于担保的数据资源无形资产的账面价值、当期摊销额等情况。

（6）企业应当披露计入当期损益和确认为无形资产的数据资源研究开发支出金额。

（7）企业应当按照《企业会计准则第8号——资产减值》（财会〔2006〕3号）等规定，披露与数据资源无形资产减值有关的信息。

（8）企业应当按照《企业会计准则第42号——持有待售的非流动资产、处置组和终止经营》（财会〔2017〕13号）等规定，披露划分为持有待售类别的数据资源无形资产有关信息。

2.确认为存货的数据资源相关披露。

（1）企业应当按照外购存货、自行加工存货等类别，对确认为存货的数据资源（以下简称数据资源存货）相关会计信息进行披露，并可以在此基础上根据实际情况对类别进行拆分。具体披露格式如下：

（2）企业应当披露确定发出数据资源存货成本所采用的方法。

（3）企业应当披露数据资源存货可变现净值的确定依据、存货跌价准备的计提方法、当期计提的存货跌价准备的金额、当期转回的存货跌价准备的金额，以及计提和转回的有关情况。

（4）企业应当单独披露对企业财务报表具有重要影响的单项数据资源存货的内容、账面价值和可变现净值。

（5）企业应当披露所有权或使用权受到限制的数据资源存货，以及用于担保的数据资源存货的账面价值等情况。

3.其他披露要求。

企业对数据资源进行评估且评估结果对企业财务报表具有重要影响的，应当披露评估依据的信息来源，评估结论成立的假设前提和限制条件，评估方法的选择，各重要参数的来源、分析、比较与测算过程等信息。

企业可以根据实际情况，自愿披露数据资源（含未作为无形资产或存货确认的数据资源）下列相关信息：

（1）数据资源的应用场景或业务模式、对企业创造价值的影响方式，与数据资源应用场景相关的宏观经济和行业领域前景等。

（2）用于形成相关数据资源的原始数据的类型、规模、来源、权属、质量等信息。

（3）企业对数据资源的加工维护和安全保护情况，以及相关人才、关键技术等的持有和投入情况。

（4）数据资源的应用情况，包括数据资源相关产品或服务等的运营应用、作价出资、流通交易、服务计费方式等情况。

（5）重大交易事项中涉及的数据资源对该交易事项的影响及风险分析，重大交易事项包括但不限于企业的经营活动、投融资活动、质押融资、关联方及关联交易、承诺事项、或有事项、债务重组、资产置换等。

（6）数据资源相关权利的失效情况及失效事由、对企业的影响及风险分析等，如数据资源已确认为资产的，还包括相关资产

的账面原值及累计摊销、减值准备或跌价准备、失效部分的会计处理。

（7）数据资源转让、许可或应用所涉及的地域限制、领域限制及法律法规限制等权利限制。

（8）企业认为有必要披露的其他数据资源相关信息。

四、附则

本规定自2024年1月1日起施行。企业应当采用未来适用法执行本规定，本规定施行前已经费用化计入损益的数据资源相关支出不再调整。

（来源：财政部网站http://www.mof.gov.cn/，2023-08-28）

关于印发
《关于加强数据资产管理的指导意见》的通知

（财资〔2023〕141号）

各省、自治区、直辖市、计划单列市财政厅（局），新疆生产建设兵团财政局：

为深入贯彻落实党中央关于构建数据基础制度的决策部署，规范和加强数据资产管理，更好推动数字经济发展，根据《中华人民共和国网络安全法》《中华人民共和国数据安全法》《中华人民共和国个人信息保护法》等，我们制定了《关于加强数据资产管理的指导意见》。现印发给你们，请遵照执行。

财政部

2023年12月31日

关于加强数据资产管理的指导意见

数据资产，作为经济社会数字化转型进程中的新兴资产类型，正日益成为推动数字中国建设和加快数字经济发展的重要战略资

源。为深入贯彻落实党中央决策部署，现就加强数据资产管理提出如下意见。

一、总体要求

（一）指导思想。

以习近平新时代中国特色社会主义思想为指导，全面深入贯彻落实党的二十大精神，完整、准确、全面贯彻新发展理念，加快构建新发展格局，坚持统筹发展和安全，坚持改革创新、系统谋划，把握全球数字经济发展趋势，建立数据资产管理制度，促进数据资产合规高效流通使用，构建共治共享的数据资产管理格局，为加快经济社会数字化转型、推动高质量发展、推进国家治理体系和治理能力现代化提供有力支撑。

（二）基本原则。

——坚持确保安全与合规利用相结合。统筹发展和安全，正确处理数据资产安全、个人信息保护与数据资产开发利用的关系。以保障数据安全为前提，对需要严格保护的数据，审慎推进数据资产化；对可开发利用的数据，支持合规推进数据资产化，进一步发挥数据资产价值。

——坚持权利分置与赋能增值相结合。适应数据资产多用途属性，按照"权责匹配、保护严格、流转顺畅、利用充分"原则，明确数据资产管理各方权利义务，推动数据资产权利分置，完善数据资产权利体系，丰富权利类型，有效赋能增值，夯实开发利用基础。

——坚持分类分级与平等保护相结合。加强数据分类分级管理，建立数据资产分类分级授权使用规范。鼓励按用途增加公共数据资产供给，推动用于公共治理、公益事业的公共数据资产有条件无偿使用，平等保护各类数据资产权利主体合法权益。

——坚持有效市场与有为政府相结合。充分发挥市场配置资源的决定性作用，探索多样化有偿使用方式。支持用于产业发展、行业发展的公共数据资产有条件有偿使用。加大政府引导调节力度，探索建立公共数据资产开发利用和收益分配机制。强化政府对数据资产全过程监管，加强数据资产全过程管理。

——坚持创新方式与试点先行相结合。强化部门协同联动，完善数据资产管理体制机制。坚持顶层设计与基层探索相结合，坚持改革于法有据，既要发挥顶层设计指导作用，又要鼓励支持各方因地制宜、大胆探索。

（三）总体目标。

构建"市场主导、政府引导、多方共建"的数据资产治理模式，逐步建立完善数据资产管理制度，不断拓展应用场景，不断提升和丰富数据资产经济价值和社会价值，推进数据资产全过程管理以及合规化、标准化、增值化。通过加强和规范公共数据资产基础管理工作，探索公共数据资产应用机制，促进公共数据资产高质量供给，有效释放公共数据价值，为赋能实体经济数字化转型升级，推进数字经济高质量发展，加快推进共同富裕提供有力支撑。

二、主要任务

（四）依法合规管理数据资产。保护各类主体在依法收集、生成、存储、管理数据资产过程中的相关权益。鼓励各级党政机关、企事业单位等经依法授权具有公共事务管理和公共服务职能的组织（以下统称公共管理和服务机构）将其依法履职或提供公共服务过程中持有或控制的，预期能够产生管理服务潜力或带来经济利益流入的公共数据资源，作为公共数据资产纳入资产管理范畴。涉及处理国家安全、商业秘密和个人隐私的，

应当依照法律、行政法规规定的权限、程序进行，不得超出履行法定职责所必需的范围和限度。相关部门结合国家有关数据目录工作要求，按照资产管理相关要求，组织梳理统计本系统、本行业符合数据资产范围和确认要求的公共数据资产目录清单，登记数据资产卡片，暂不具备确认登记条件的可先纳入资产备查簿。

（五）明晰数据资产权责关系。适应数据多种属性和经济社会发展要求，与数据分类分级、确权授权使用要求相衔接，落实数据资源持有权、数据加工使用权和数据产品经营权权利分置要求，加快构建分类科学的数据资产产权体系。明晰公共数据资产权责边界，促进公共数据资产流通应用安全可追溯。探索开展公共数据资产权益在特定领域和经营主体范围内入股、质押等，助力公共数据资产多元化价值流通。

（六）完善数据资产相关标准。推动技术、安全、质量、分类、价值评估、管理运营等数据资产相关标准建设。鼓励行业根据发展需要，自行或联合制定企业数据资产标准。支持企业、研究机构、高等学校、相关行业组织等参与数据资产标准制定。公共管理和服务机构应配套建立公共数据资产卡片，明确公共数据资产基本信息、权利信息、使用信息、管理信息等。在对外授予数据资产加工使用权、数据产品经营权时，在本单位资产卡片中对授权进行登记标识，在不影响本单位继续持有或控制数据资产的前提下，可不减少或不核销本单位数据资产。

（七）加强数据资产使用管理。鼓励数据资产持有主体提升数据资产数字化管理能力，结合数据采集加工周期和安全等级等实际情况及要求，对所持有或控制的数据资产定期更新维护。数据资产各权利主体建立健全全流程数据安全管理机制，提升安全保护能力。支持各类主体依法依规行使数据资产相关权利，促进数据资产价值复用和市场化流通。结合数据资产流通范围、流通模式、供求关系、应用场景、潜在风险等，不断完善数据资产全流程合规管理。在保障安全、可追溯的前提下，推动依法依规对公共数据资产进行开发利用。支持公共管理和服务机构为提升履职能力和公共服务水平，强化公共数据资产授权运营和使用管理。公共管理和服务机构要按照有关规定对授权运营的公共数据资产使用情况等重要信息进行更新维护。

（八）稳妥推动数据资产开发利用。完善数据资产开发利用规则，推进形成权责清晰、过程透明、风险可控的数据资产开发利用机制。严格按照"原始数据不出域、数据可用不可见"要求和资产管理制度规定，公共管理和服务机构可授权运营主体对其持有或控制的公共数据资产进行运营。授权运营前要充分评估授权运营可能带来的安全风险，明确安全责任。运营主体应建立公共数据资产安全可信的运营环境，在授权范围内推动可开发利用的公共数据资产向区域或国家级大数据平台和交易平台汇聚。支持运营主体对各类数据资产进行融合加工。探索建立公共数据资产政府指导定价机制或评估、拍卖竞价等市场价格发现机制。鼓励在金融、交通、医疗、能源、工业、电信等数据富集行业探索开展多种形式的数据资产开发利用模式。

（九）健全数据资产价值评估体系。推进数据资产评估标准和制度建设，规范数据资产价值评估。加强数据资产评估能力建设，培养跨专业、跨领域数据资产评估人才。全面识别数据资产价值影响因素，提高数据资产评估总体业务水平。推动数据资产价值评估业务信息化建设，利用数字技术或手段对数据资产价值进行预测和分析，构建数据资产价值评估标准库、规则库、指标库、模型库和案例库等，支撑标准化、规范化和便利化业务开展。开展公共数据资产价值评估时，要按照资产评估机构选聘有关要求，

强化公平、公正、公开和诚实信用，有效维护公共数据资产权利主体权益。

（十）畅通数据资产收益分配机制。完善数据资产收益分配与再分配机制。按照"谁投入、谁贡献、谁受益"原则，依法依规维护各相关主体数据资产权益。支持合法合规对数据资产价值进行再次开发挖掘，尊重数据资产价值再创造、再分配，支持数据资产使用权利各个环节的投入有相应回报。探索建立公共数据资产治理投入和收益分配机制，通过公共数据资产运营公司对公共数据资产进行专业化运营，推动公共数据资产开发利用和价值实现。探索公共数据资产收益按授权许可约定向提供方等进行比例分成，保障公共数据资产提供方享有收益的权利。在推进有条件有偿使用过程中，不得影响用于公共治理、公益事业的公共数据有条件无偿使用，相关方要依法依规采取合理措施获取收益，避免向社会公众转嫁不合理成本。公共数据资产各权利主体依法纳税并按国家规定上缴相关收益，由国家财政依法依规纳入预算管理。

（十一）规范数据资产销毁处置。对经认定失去价值、没有保存要求的数据资产，进行安全和脱敏处理后及时有效销毁，严格记录数据资产销毁过程相关操作。委托他人代为处置数据资产的，应严格签订数据资产安全保密合同，明确双方安全保护责任。公共数据资产销毁处置要严格履行规定的内控流程和审批程序，严禁擅自处置，避免公共数据资产流失或泄露造成法律和安全风险。

（十二）强化数据资产过程监测。数据资产各权利主体均应落实数据资产安全管理责任，按照分类分级原则，在网络安全等级保护制度的基础上，落实数据安全保护制度，把安全贯彻数据资产开发、流通、使用全过程，提升数据资产安全保障能力。权利主体因合并、分立、收购等方式发生变更，新的权利主体应继续落实数据资产管理责任。数据资产各权利主体应当记录数据资产的合法来源，确保来源清晰可追溯。公共数据资产权利主体开放共享数据资产的，应当建立和完善安全管理和对外提供制度机制。鼓励开展区域性、行业性数据资产统计监测工作，提升对数据资产的宏观观测与管理能力。

（十三）加强数据资产应急管理。数据资产各权利主体应分类分级建立数据资产预警、应急和处置机制，深度分析相关领域数据资产风险环节，梳理典型应用场景，对数据资产泄露、损毁、丢失、篡改等进行与类别级别相适的预警和应急管理，制定应急处置预案。出现风险事件，及时启动应急处置措施，最大程度避免或减少资产损失。支持开展数据资产技术、服务和管理体系认证。鼓励开展数据资产安全存储与计算相关技术研发与产品创新。跟踪监测公共数据资产时，要及时识别潜在风险事件，第一时间采取应急管理措施，有效消除或控制相关风险。

（十四）完善数据资产信息披露和报告。鼓励数据资产各相关主体按有关要求及时披露、公开数据资产信息，增加数据资产供给。数据资产交易平台应对交易流通情况进行实时更新并定期进行信息披露，促进交易市场公开透明。稳步推进国有企业和行政事业单位所持有或控制的数据资产纳入本级政府国有资产报告工作，接受同级人大常委会监督。

（十五）严防数据资产价值应用风险。数据资产权利主体应建立数据资产协同管理的应用价值风险防控机制，多方联动细化操作流程及关键管控点。鼓励借助中介机构力量和专业优势，有效识别和管控数据资产化、数据资产资本化以及证券化的潜在风险。公共数据资产权利主体在相关资产交易或并购等活动中，应秉持

谨慎性原则扎实开展可研论证和尽职调查，规范实施资产评估，严防虚增公共数据资产价值。加强监督检查，对涉及公共数据资产运营的重大事项开展审计，将国有企业所属数据资产纳入内部监督重点检查范围，聚焦高溢价和高减值项目，准确发现管理漏洞，动态跟踪价值变动，审慎开展价值调整，及时采取防控措施降低或消除价值应用风险。

三、实施保障

（十六）加强组织实施。切实提高政治站位，统一思想认识，把坚持和加强党的领导贯穿到数据资产管理全过程各方面，高度重视激发公共数据资产潜能，加强公共数据资产管理。加强统筹协调，建立推进数据资产管理的工作机制，促进跨地区跨部门跨层级协同联动，确保工作有序推进。强化央地联动，及时研究解决工作推进中的重大问题。探索将公共数据资产管理发展情况纳入有关考核评价指标体系。

（十七）加大政策支持。按照财政事权和支出责任相适应原则，统筹利用现有资金渠道，支持统一的数据资产标准和制度建设、数据资产相关服务、数据资产管理和运营平台等项目实施。统筹运用财政、金融、土地、科技、人才等多方面政策工具，加大对数据资产开发利用、数据资产管理运营的基础设施、试点试验区等扶持力度，鼓励产学研协作，引导金融机构和社会资本投向数据资产领域。

（十八）积极鼓励试点。坚持顶层设计与基层探索结合，形成鼓励创新、容错免责良好氛围。支持有条件的地方、行业和企业先行先试，结合已出台的文件制度，探索开展公共数据资产登记、授权运营、价值评估和流通增值等工作，因地制宜探索数据资产全过程管理有效路径。加大对优秀项目、典型案例的宣介力度，总结提炼可复制、可推广的经验和做法，以点带面推动数据资产开发利用和流通增值。鼓励地方、行业协会和相关机构促进数据资产相关标准、技术、产品和案例等的推广应用。

（来源：财政部网站http://www.mof.gov.cn/，2024-01-11）

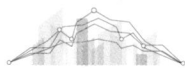

关于加强行政事业单位数据资产管理的通知

（财资〔2024〕1号）

党中央有关部门，国务院各部委、各直属机构，全国人大常委会办公厅，全国政协办公厅，最高人民法院，最高人民检察院，各民主党派中央，有关人民团体，各省、自治区、直辖市、计划单列市财政厅（局），新疆生产建设兵团财政局，有关中央管理企业：

为贯彻落实《中共中央 国务院关于构建数据基础制度更好发挥数据要素作用的意见》，加强行政事业单位数据资产管理，充分发挥数据资产价值作用，保障数据资产安全，更好地服务与保障单位履职和事业发展，根据《行政事业性国有资产管理条例》（国务院令第738号）、《财政部关于印发〈关于加强数据资产管理的指导意见〉的通知》（财资〔2023〕141号）等有关规定，现就加强行政事业单位数据资产管理工作通知如下：

一、明晰管理责任，健全管理制度

（一）明晰责任。行政事业单位数据资产是各级行政事业单位在依法履职或提供公共服务过程中持有或控制的，预期能够产生管理服务潜力或带来经济利益流入的数据资源。地方财政部门应当结合本地实际，逐步建立健全数据资产管理制度及机制，并负责组织实施和监督检查。各部门要切实加强本部门数据资产管理工作，指导、监督所属单位数据资产管理工作。各部门所属单位负责本单位数据资产的具体管理。

（二）健全制度。各部门应当根据工作需要和实际情况，建立健全行政事业单位数据资产管理办法，针对数据资产确权、配置、使用、处置、收益、安全、保密等重点管理环节，细化管理要求，明确操作规程，确保管理规范、流程清晰、责任可查。涉及处理个人信息的，应当依照相关法律法规规定的权限和程序进行。

二、规范管理行为，释放资产价值

（三）从严配置。行政事业单位主要通过自主采集、生产加工、购置等方式配置数据资产。加强数据资源源头管理，在依法履职或提供公共服务过程中，应当按照规定的范围、方法、技术标准等进行自主采集、生产加工数据形成资产。通过购置方式配置数据资产的，应当根据依法履职和事业发展需要，落实过紧日子要求，按照预算管理规定科学配置，涉及政府采购的应当执行政府采购有关规定。

（四）规范使用。依据《中华人民共和国数据安全法》等规定，做好数据资产加工处理工作，提高数据资产质量和管理水平。规范数据资产授权，经安全评估并按资产管理权限审批后，可将数据加工使用权、数据产品经营权授权运营主体进行运营。运营主体应当建立安全可信的运营环境，在授权范围内运营，并对数据的安全和合规负责。各部门及其所属单位对外授权有偿使用数据资产，应当严格按照资产管理权限履行审批程序，并按照国家规

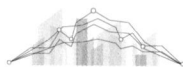

定对资产相关权益进行评估。不得利用数据资产进行担保，新增政府隐性债务。严禁借授权有偿使用数据资产的名义，变相虚增财政收入。

（五）开放共享。积极推动数据资产开放共享，在确保公共安全和保护个人隐私的前提下，加强数据资产汇聚共享和开发开放，促进数据资产使用价值充分利用。加大数据资产供给使用，推动用于公共治理、公益事业的数据资产有条件无偿使用，探索用于产业发展、行业发展的数据资产有条件有偿使用。依法依规予以保密的数据资产不予开放，开放共享进入市场的数据资产应当明确授权使用范围，并严格授权使用。

（六）审慎处置。各部门及其所属单位应当根据依法履职、事业发展需要和数据资产使用状况，经集体决策和履行审批程序，依据处置事项批复等相关文件及时处置数据资产。确需彻底删除、销毁数据资产的，应当按照保密制度的规定，利用专业技术手段彻底销毁，确保无法恢复。

（七）严格收益。建立合理的数据资产收益分配机制，依法依规维护数据资产权益。行政单位数据资产使用形成的收入，按照政府非税收入和国库集中收缴制度的有关规定管理。事业单位数据资产使用形成的收入，由本级财政部门规定具体管理办法。除国家另有规定外，行政事业单位数据资产的处置收入按照政府非税收入和国库集中收缴制度的有关规定管理。任何行政事业单位及个人不得违反国家规定，多收、少收、不收、少缴、不缴、侵占、私分、截留、占用、挪用、隐匿、坐支数据资产相关收入。

（八）夯实基础。各部门及其所属单位要结合数据资源目录对数据资产进行清查盘点，并按照《固定资产等资产基础分类与代码》（GB/T 14885–2022）等国家标准，加强数据资产登记，在预算管理一体化系统中建立并完善资产信息卡。

三、严格防控风险，确保数据安全

（九）维护安全。各部门及其所属单位要认真贯彻总体国家安全观，严格遵守《中华人民共和国网络安全法》《中华人民共和国数据安全法》《中华人民共和国个人信息保护法》等法律制度规定，落实网络安全等级保护制度，建立数据资产安全管理制度和监测预警、应急处置机制，推进数据资产分类分级管理，把安全贯穿数据资产全生命周期管理，有效防范和化解各类数据资产安全风险，切实筑牢数据资产安全保障防线。各部门及其所属单位应当按规定做好国家数据安全风险评估。

（十）加强监督。各部门及其所属单位要加强数据资产监督，坚持事前监督与事中监督、事后监督相结合，日常监督和专项检查相结合，构筑立体化监督网络；自觉接受人大监督、审计监督、财会监督等各类监督，确保数据资产安全完整。

（十一）及时报告。各部门及其所属单位应当将数据资产管理情况逐步纳入行政事业性国有资产管理情况报告。

数据资产作为经济社会数字化转型进程中的新兴资产类型，是国家重要的战略资源。各部门及其所属单位要按照国家有关规定及本通知要求，切实加强行政事业单位数据资产管理，因地制宜探索数据资产管理模式，充分实现数据要素价值，更好发挥数据资产对推动数字经济发展的支撑作用。

财政部

2024年2月5日

（来源：财政部网站http://www.mof.gov.cn/，2024-02-07）

中评协关于印发
《数据资产评估指导意见》的通知

（中评协〔2023〕17号）

各省、自治区、直辖市、计划单列市资产评估协会（有关注册会计师协会）：

为规范数据资产评估执业行为，保护资产评估当事人合法权益和公共利益，在财政部指导下，中国资产评估协会制定了《数据资产评估指导意见》，现予印发，自2023年10月1日起施行。

请各地方协会将《数据资产评估指导意见》及时转发资产评估机构，组织学习和培训，并将执行过程中发现的问题及时上报中国资产评估协会。

中国资产评估协会

2023年9月8日

数据资产评估指导意见

第一章 总 则

第一条 为规范数据资产评估行为，保护资产评估当事人合法权益和公共利益，根据《资产评估基本准则》及其他相关资产评估准则，制定本指导意见。

第二条 本指导意见所称数据资产，是指特定主体合法拥有或者控制的，能进行货币计量的，且能带来直接或者间接经济利益的数据资源。

第三条 本指导意见所称数据资产评估，是指资产评估机构及其资产评估专业人员遵守法律、行政法规和资产评估准则，根据委托对评估基准日特定目的下的数据资产价值进行评定和估算，并出具资产评估报告的专业服务行为。

第四条 执行数据资产评估业务，应当遵守本指导意见。

第二章 基本遵循

第五条 执行数据资产评估业务，应当遵守法律、行政法规和资产评估准则，坚持独立、客观、公正的原则，诚实守信，勤勉尽责，谨慎从业，遵守职业道德规范，自觉维护职业形象，不得从事损害职业形象的活动。

第六条 执行数据资产评估业务，应当独立进行分析和估算并形成专业意见，拒绝委托人或者其他相关当事人的干预，不得直接以预先设定的价值作为评估结论。

第七条 执行数据资产评估业务，应当具备数据资产评估的专业知识和实践经验，能够胜任所执行的数据资产评估业务。缺乏特定的数据资产评估专业知识、技术手段和经验时，应当采取弥补措施，包括利用数据领域专家工作成果及相关专业报告等。

第八条 执行数据资产评估业务，应当关注数据资产的安全性和合法性，并遵守保密原则。

第九条 执行企业价值评估中的数据资产评估业务，应当了解数据资产作为企业资产组成部分的价值可能有别于作为单项资

产的价值，其价值取决于它对企业价值的贡献程度。

数据资产与其他资产共同发挥作用时，需要采用适当方法区分数据资产和其他资产的贡献，合理评估数据资产价值。

第十条 执行数据资产评估业务，应当根据评估业务具体情况和数据资产的特性，对评估对象进行针对性的现场调查，收集数据资产基本信息、权利信息、相关财务会计信息和其他资料，并进行核查验证、分析整理和记录。

核查数据资产基本信息可以利用数据领域专家工作成果及相关专业报告等。资产评估专业人员自行履行数据资产基本信息相关的现场核查程序时，应当确保具备相应专业知识、技术手段和经验。

第十一条 执行数据资产评估业务，应当合理使用评估假设和限制条件。

第三章 评估对象

第十二条 执行数据资产评估业务，可以通过委托人、相关当事人等提供或者自主收集等方式，了解和关注被评估数据资产的基本情况，例如：数据资产的信息属性、法律属性、价值属性等。

信息属性主要包括数据名称、数据结构、数据字典、数据规模、数据周期、产生频率及存储方式等。

法律属性主要包括授权主体信息、产权持有人信息，以及权利路径、权利类型、权利范围、权利期限、权利限制等权利信息。价值属性主要包括数据覆盖地域、数据所属行业、数据成本信息、数据应用场景、数据质量、数据稀缺性及可替代性等。

第十三条 执行数据资产评估业务，应当知晓数据资产具有非实体性、依托性、可共享性、可加工性、价值易变性等特征，关注数据资产特征对评估对象的影响。

非实体性是指数据资产无实物形态，虽然需要依托实物形态，但决定数据资产价值的是数据本身。数据资产的非实体性也衍生出数据资产的无消耗性，即其不会因为使用而磨损、消耗。

依托性是指数据资产必须存储在一定的介质里，介质的种类包括磁盘、光盘等。同一数据资产可以同时存储于多种介质。

可共享性是指在权限可控的前提下，数据资产可以被复制，能够被多个主体共享和应用。

可加工性是指数据资产可以通过更新、分析、挖掘等处理方式，改变其状态及形态。

价值易变性是指数据资产的价值易发生变化，其价值随应用场景、用户数量、使用频率等的变化而变化。

第十四条 执行数据资产评估业务，应当根据数据来源和数据生成特征，关注数据资源持有权、数据加工使用权、数据产品经营权等数据产权，并根据评估目的、权利证明材料等，确定评估对象的权利类型。

第四章 操作要求

第十五条 执行数据资产评估业务，应当明确资产评估业务基本事项，履行适当的资产评估程序。

第十六条 执行数据资产评估业务，需要关注影响数据资产价值的成本因素、场景因素、市场因素和质量因素。

成本因素包括形成数据资产所涉及的前期费用、直接成本、间接成本、机会成本和相关税费等。

场景因素包括数据资产相应的使用范围、应用场景、商业模式、市场前景、财务预测和应用风险等。

市场因素包括数据资产相关的主要交易市场、市场活跃程度、

市场参与者和市场供求关系等。

质量因素包括数据的准确性、一致性、完整性、规范性、时效性和可访问性等。

第十七条　资产评估专业人员应当关注数据资产质量，并采取恰当方式执行数据质量评价程序或者获得数据质量的评价结果，必要时可以利用第三方专业机构出具的数据质量评价专业报告或者其他形式的数据质量评价专业意见等。

数据质量评价采用的方法包括但不限于：层次分析法、模糊综合评价法和德尔菲法等。

第十八条　同一数据资产在不同的应用场景下，通常会发挥不同的价值。资产评估专业人员应当通过委托人、相关当事人等提供或者自主收集等方式，了解相应评估目的下评估对象的具体应用场景，选择和使用恰当的价值类型。

第五章　评估方法

第十九条　确定数据资产价值的评估方法包括收益法、成本法和市场法三种基本方法及其衍生方法。

第二十条　执行数据资产评估业务，资产评估专业人员应当根据评估目的、评估对象、价值类型、资料收集等情况，分析上述三种基本方法的适用性，选择评估方法。

第二十一条　采用收益法评估数据资产时应当：

（一）根据数据资产的历史应用情况及未来应用前景，结合应用或者拟应用数据资产的企业经营状况，重点分析数据资产经济收益的可预测性，考虑收益法的适用性；

（二）保持预期收益口径与数据权利类型口径一致；

（三）在估算数据资产带来的预期收益时，根据适用性可以选择采用直接收益预测、分成收益预测、超额收益预测和增量收

益预测等方式;

（四）区分数据资产和其他资产所获得的收益,分析与之有关的预期变动、收益期限,与收益有关的成本费用、配套资产、现金流量、风险因素;

（五）根据数据资产应用过程中的管理风险、流通风险、数据安全风险、监管风险等因素估算折现率;

（六）保持折现率口径与预期收益口径一致;

（七）综合考虑数据资产的法律有效期限、相关合同有效期限、数据资产的更新时间、数据资产的时效性、数据资产的权利状况以及相关产品生命周期等因素,合理确定经济寿命或者收益期限,并关注数据资产在收益期限内的贡献情况。

第二十二条 采用成本法评估数据资产时应当:

（一）根据形成数据资产所需的全部投入,分析数据资产价值与成本的相关程度,考虑成本法的适用性;

（二）确定数据资产的重置成本,包括前期费用、直接成本、间接成本、机会成本和相关税费等;

（三）确定数据资产价值调整系数,例如:对于需要进行质量因素调整的数据资产,可以结合相应质量因素综合确定调整系数;对于可以直接确定剩余经济寿命的数据资产,也可以结合剩余经济寿命确定调整系数。

第二十三条 采用市场法评估数据资产时应当:

（一）考虑该数据资产或者类似数据资产是否存在合法合规的、活跃的公开交易市场,是否存在适当数量的可比案例,考虑市场法的适用性;

（二）根据该数据资产的特点,选择合适的可比案例,例如:选择数据权利类型、数据交易市场及交易方式、数据规模、应用领域、应用区域及剩余年限等相同或者近似的数据资产;

（三）对比该数据资产与可比案例的差异，确定调整系数，并将调整后的结果汇总分析得出被评估数据资产的价值。通常情况下需要考虑质量差异调整、供求差异调整、期日差异调整、容量差异调整以及其他差异调整等。

第二十四条 对同一数据资产采用多种评估方法时，应当对所获得的各种测算结果进行分析，说明两种以上评估方法结果的差异及其原因和最终确定评估结论的理由。

第六章　披露要求

第二十五条 无论是单独出具数据资产的资产评估报告，还是将数据资产评估作为资产评估报告的组成部分，都应当在资产评估报告中披露必要信息，使资产评估报告使用人能够正确理解评估结论。

第二十六条 单独出具数据资产的资产评估报告，应当说明下列内容：

（一）数据资产基本信息和权利信息；

（二）数据质量评价情况，评价情况应当包括但不限于评价目标、评价方法、评价结果及问题分析等内容；

（三）数据资产的应用场景以及数据资产应用所涉及的地域限制、领域限制及法律法规限制等；

（四）与数据资产应用场景相关的宏观经济和行业的前景；

（五）评估依据的信息来源；

（六）利用专家工作或者引用专业报告内容；

（七）其他必要信息。

第二十七条 单独出具数据资产的资产评估报告，应当说明有关评估方法的下列内容：

（一）评估方法的选择及其理由；

（二）各重要参数的来源、分析、比较与测算过程；

（三）对测算结果进行分析，形成评估结论的过程；

（四）评估结论成立的假设前提和限制条件。

第七章 附　则

第二十八条　本指导意见自 2023 年 10 月 1 日起施行。

附：1.术语和定义（供参考）

　　2.基于质量要素的指标体系设计示例（供参考）

　　3.评估方法相关模型示例（供参考）

附1

术语和定义

（供参考）

1.数据

数据是指任何以电子或者其他方式对信息的记录。

2.数据资源

数据资源是指经过加工后，在现时或者未来具有经济价值的数据。

3.数据规模

数据规模通常包含数据量、增长率和更新率等指标。数据量 是指数据集元素的总数量；增长率是指数据集元素增加量与原数 集元素总数量之比；更新率是指单位时间内数据集的变更元素 数量。

4.数据质量

数据质量是指数据在指定条件下使用时，其特性能够满足明 确的或者隐含的要求的程度。

附2

基于质量要素的指标体系设计示例

（供参考）

质量要素特性	指标	确定方法
准确性：即数据资产准确表示其所描述事物和事件的真实程度。	内容准确率	数据集内容表述正确的元素数量与元素总数量之比。数据集是指数据记录汇聚的数据形式。元素是组成数据源中记录或者数据项的最小单元。 $$X=A/B$$ 式中： 　　A=数据集内容表述正确的元素数量 　　B=数据集元素总数量
	精度准确率	数据项精度符合标准规范的元素数量与元素总数量之比。数据项是指对应于数据源中一列信息的一组完整的内容。 $$X=A/B$$ 式中： 　　A=数据项精度符合标准规范的元素数量 　　B=数据项元素总数量
	记录重复率	数据集重复记录条数与记录总条数之比。数据记录是指对应于数据源中一行信息的一组完整的内容。 $$X=A/B$$ 式中： 　　A=数据集重复记录条数 　　B=数据集记录总条数

质量要素特性	指标	确定方法
	脏数据出现率	数据集无效数据（非法字符和业务含义错误的数据）元素数量与元素总数量之比。 $$X=A/B$$ 式中： A=数据集无效数据（非法字符和业务含义错误的数据元素数量 B=数据集元素总数量
一致性：即不同数据资产描述同一个事物和事件的无矛盾程度。	元素赋值一致率	数据集具有相同含义数据（同一时点、存储在不同位置）赋值一致的元素数量与元素总数量之比。 $$X=A/B$$ 式中： A=数据集具有相同含义数据（同一时点、存储在不同位置）赋值一致的元素数量 B=数据集元素总数量
完整性：即构成数据资产的数据元素被赋予数值程度。	元素填充率	数据集赋值的元素数量与元素总数量之比。 $$X=A/B$$ 式中： A=数据集赋值的元素数量 B=数据集元素总数量
	记录填充率	数据集赋值完整的记录条数与记录总条数之比。 $$X=A/B$$ 式中： A=数据集赋值完整的记录条数 B=数据集记录总条数
	数据项填充率	数据集赋值完整的数据项数量与数据项总数量之比。 $$X=A/B$$ 式中： A=数据集赋值完整的数据项数量 B=数据集数据项总数量

质量要素特性	指标	确定方法
规范性：即数据符合数据标准、业务规则和元数据等要求的规范程度。	值域合规率	数据项值域符合标准规范的元素数量与元素总数量之比。值域也可以认为是数据值，数据值就是数据项的内容，即通过进行测量对目标实体的属性所赋予的数值或者类别。 $$X=A/B$$ 式中： $A=$数据项值域符合标准规范的元素数量 $B=$数据项元素总数量
	元数据合规率	数据集符合元数据规范的元素数量与元素总数量之比。元数据是指定义和描述其他数据的数据，主要用来指示数据类型、内容概要、存储路径、数据访问权、资源查找、信息记录等，其基本功能是描述数据的内容，便于更准确地识别、存取利用的数据。 $$X=A/B$$ 式中： $A=$数据集符合元数据规范的元素数量 $B=$数据集元素总数量
	格式合规率	数据集格式符合标准规范的元素数量与元素总数量之比。 $$X=A/B$$ 式中： $A=$数据集格式符合标准规范的元素数量 $B=$数据集元素总数量
	安全合规率	数据集符合适用法律法规和行业安全规范的元素数量与元素总数量之比。 $$X=A/B$$ 式中： $A=$数据集符合适用法律法规和行业安全规范的元素数量 $B=$数据集元素总数量

质量要素特性	指标	确定方法
时效性:即数据真实反映事物和事件的及时程度。	周期及时性	数据集赋值满足业务周期频率要求的元素数量与元素总数量之比。 $$X=A/B$$ 式中: $A=$数据集赋值满足业务周期频率要求的元素数量 $B=$数据集元素总数量
	实时及时性	数据集赋值延迟时间满足业务要求的元素数量与元素总数量之比。 $$X=A/B$$ 式中: $A=$数据集赋值延迟时间满足业务要求的元素数量 $B=$数据集元素总数量
可访问性:即数据能被正常访问的程度。	可访问度	数据集请求访问成功的元素数量与请求访问元素总数量之比。 $$X=A/B$$ 式中: $A=$数据集请求访问成功的元素数量 $B=$数据集请求访问元素总数量

附3

评估方法相关模型示例

（供参考）

一、收益法相关模型示例

（一）直接收益预测

1.技术思路

直接收益预测是对利用被评估数据资产直接获取的收益进行预测的方式。

2.参考公式

$$F_t = R_t$$

式中：

F_t——预测第 t 期数据资产的收益额；

R_t——预测第 t 期数据资产的息税前利润。

3.适用场景

直接收益预测通常适用于被评估数据资产的应用场景及商业模式相对独立，且数据资产对应服务或者产品为企业带来的直接收益可以合理预测的情形。

例如：拥有用户数据的某公司建立数据资产管理中心，经用户授权后，提供数据调用服务并收取费用。

（二）分成收益预测

1.技术思路

分成收益预测是采用分成率计算数据资产预期收益的方式。具体思路是，首先计算总收益，然后将其在被评估数据资产和产生总收益过程中作出贡献的其他资产之间进行分成。分成率通常包括收入提成率和利润分成率两种。

2. 参考公式

采用收入提成率时：

$$F_t=R_t \times K_{t1}$$

采用利润分成率时：式中：

$$F_t=R_t \times K_{t2}$$

F_t——预测第t期数据资产的收益额；

R_t——预测第t期总收入或者息税前利润；

K_{t1}——预测第t期数据资产的收入提成率；

K_{t2}——预测第t期数据资产的净利润分成率。

3. 适用场景

分成收益预测通常适用于软件开发服务、数据平台对接服务、数据分析服务等数据资产应用场景，当其他相关资产要素所产生的收益不可单独计量时可以采用此方法。

例如：对第一手数据进行加工利用并与软件开发服务等传统IT项目结合为完整的解决方案，实现数据持续不断地在未来预测期间间接变现。

在确定分成率时，需要对被评估数据资产的成本因素、场景因素、市场因素和质量因素等方面进行综合分析。

（三）超额收益预测

1. 技术思路

超额收益预测是将归属于被评估数据资产所创造的超额收益作为该项数据资产预期收益的方式。具体思路是，首先测算数据资产与其他相关贡献资产共同创造的整体收益，然后在整体收益中扣除其他相关贡献资产的贡献，将剩余收益确定为超额收益。除数据资产以外，相关贡献资产通常包括流动资产、固定资产、无形资产和组合劳动力等。

2.参考公式

$$F_t=R_t-\sum_{i=1}^{n}c_{ti}$$

式中：

F_t——预测第 t 期数据资产的收益额；

R_t——数据资产与其他相关贡献资产共同产生的整体收益额；

n——其他相关贡献资产的种类；

i——其他相关贡献资产的序号；

c_{ti}——预测第 t 期其他相关贡献资产的收益额。

3.适用场景

超额收益预测通常适用于被评估数据资产可以与资产组中的其他数据资产、无形资产、有形资产的贡献进行合理分割，且贡献之和与企业整体或者资产组正常收益相比后仍有剩余的情形。

尤其是数据资产产生的收益占整体业务比重较高，且其他资产要素对收益的贡献能够明确计量的数据服务公司。

例如：对自有及公开数据进行加工整合后通过提供可供查询、自助分析的数据产品实现较明确的预期收益。

在确定超额收益时，首先将被评估数据资产与其他共同发挥作用的相关资产组成资产组，然后调整溢余资产，进而对资产组的预期收益进行估算。在此基础上剔除非正常项目的收益和费用，以便预测折旧摊销和资本性支出等，从而确定贡献资产及其贡献率，并估计贡献资产的全部合理贡献。最后将预期收益扣除被评估数据资产以外的其他资产的贡献，得到超额收益。

（四）增量收益预测

1.技术思路

增量收益预测是基于未来增量收益的预期而确定数据资产预期收益的方式。该增量收益来源于对被评估数据资产所在的主体和不具有该项数据资产的主体的经营业绩进行对比，即通过对比使用该项数据资产所得到的利润或者现金流量，与没有使用该项数据资产所得到的利润或者现金流量，将二者的差异作为被评估数据资产所对应的增量收益。

2.参考公式

$$F_t = RY_t \times RN_t$$

式中：

F_t——预测第 t 期数据资产的增量收益额；

RY_t——预测第 t 期采用数据资产的息税前利润；

RN_t——预测第 t 未采用数据资产的息税前利润。

3.适用场景

增量收益预测通常适用于以下两种情形下的数据资产评估：一是可以使应用数据资产主体产生额外的可计量的现金流量或者利润的情形，如通过启用数据资产能够直接有效地开辟新业务或者赋能提高当前业务所带来的额外现金流量或者利润；二是可以使应用数据资产主体获得可计量的成本节约的情形，如通过嵌入大数据分析模型带来的成本费用的降低。

增量收益预测是假定其他资产因素不变的情况下，为获取数据资产收益预测而进行人为模拟的预测途径。在实务中，应用数据资产产生的收益是各种资产共同发挥作用的结果。资产评估专业人员应当根据实际情况，进行综合性的核查验证并合理运用数据资产的增量收益预测。

采用收益法评估数据资产时，可以通过以上四种方法获得收益预测，也可以结合数据资产的实际情况，对上述方法进行调整或者拓展。

二、成本法相关模型示例

$$P = C \times \delta$$

式中：

P——被评估数据资产价值；

C——数据资产的重置成本，主要包括前期费用、直接成本、间接成本、机会成本和相关税费等。前期费用包括前期规划成本，直接成本包括数据从采集加工形成资产过程中持续投入的成本，间接成本包括与数据资产直接相关的或者可以进行合理分摊的软硬件采购、基础设施成本及公共管理成本；

δ——价值调整系数。价值调整系数是对数据资产全部投入对应的期望状况与评估基准日数据资产实际状况之间所存在的差 异进行调整的系数，例如：对数据资产期望质量与实际质量之间 的差异等进行调整的系数。

三、市场法相关模型示例

（一）模型

市场法可以采用分解成数据集后与参照数据集进行对比调整的方式，具体模型如下：

$$P=\sum_{i=1}^{n}（Q_i \times X_{i1} \times X_{i2} \times X_{i3} \times X_{i4} \times X_{i5}）$$

式中：

P——被评估数据资产价值；

n——被评估数据资产所分解成的数据集的个数；

i——被评估数据资产所分解成的数据集的序号；

Q_i——参照数据集的价值；

X_{i1}——质量调整系数；

X_{i2}——供求调整系数；

X_{i3}——期日调整系数；

X_{i4}——容量调整系数；

X_{i5}——其他调整系数。

（二）系数说明

1.质量调整系数是指在估算被评估数据资产价值时，综合考虑数据质量对其价值影响的调整系数，相关质量评价指标可以参考附2；

2.供求调整系数是指在估算被评估数据资产价值时，综合考虑数据资产的市场规模、稀缺性及价值密度等因素对其价值影响的调整系数；

3.期日调整系数是指在估算被评估数据资产价值时，综合考虑各可比案例在其交易时点的居民消费价格指数、行业价格指数等与被评估数据资产交易时点同口径指数的差异情况对其价值影响的调整系数；

4.容量调整系数是指在估算被评估数据资产价值时，综合考虑数据容量对其价值影响的调整系数；

5.其他调整系数主要是指在估算被评估数据资产价值时，综合考虑其他因素对其价值影响的调整系数，例如：数据资产的应用场景不同、适用范围不同等也会对其价值产生相应影响，可以根据实际情况考虑可比案例差异，选择可量化的其他调整系数。

（来源：中国资产评估协会网站http://www.cas.org.cn/，2023-09-14）